为获科技部 2020 课题"中欧非第三方市场科技合作战略研究（2020ICR50）"；国家自然科学基金

一带一路'背景下我国边境城市地域功能演化及其优化路径研究"（2022—2025，42171180）资助

中欧非第三方市场
科技合作研究

宋　涛◎著

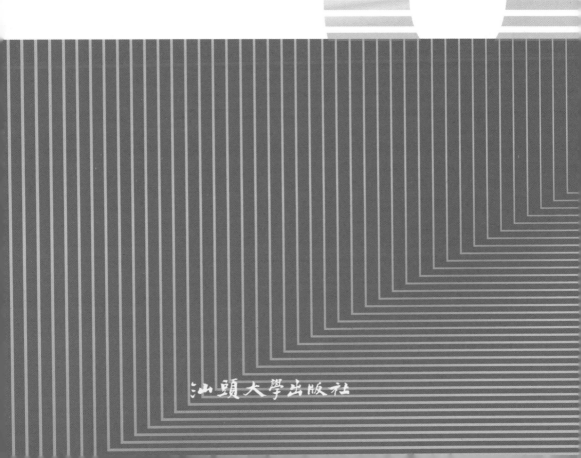

汕头大学出版社

图书在版编目（CIP）数据

中欧非第三方市场科技合作研究 / 宋涛著. -- 汕头：
汕头大学出版社，2024.1
ISBN 978-7-5658-5254-1

Ⅰ．①中… Ⅱ．①宋… Ⅲ．①国际合作－研究－中国
、欧洲、非洲 Ⅳ．①D8

中国国家版本馆CIP数据核字（2024）第029314号

中欧非第三方市场科技合作研究
ZHONG OU FEI DISANFANG SHICHANG KEJI HEZUO YANJIU

著　　者：宋　涛
责任编辑：邹　峰
责任技编：黄东生
封面设计：三仓学术
出版发行：汕头大学出版社
　　　　　广东省汕头市大学路243号汕头大学校园内　邮政编码：515063
电　　话：0754-82904613
印　　刷：武汉鑫佳捷印务有限公司
开　　本：787mm×1092mm　1/16
印　　张：6.25
字　　数：75千字
版　　次：2024年1月第1版
印　　次：2024年2月第1次印刷
定　　价：68.00元
ISBN 978-7-5658-5254-1

前　言

当今世界正在经历一场复杂而深刻的变革，经历"百年未有之大变局"。一方面，国际力量对比日趋激烈，以中国为代表的新兴国家崛起，和平与发展仍然是时代的主题，全球南方国家与地区成为国际合作和人类命运共同体建设的重要载体。另一方面，"和平赤字、发展赤字、信任赤字、治理赤字"是摆在全人类面前的严峻挑战。国际环境日趋复杂，俄乌冲突持续蔓延，不稳定性和不确定性明显增加，新冠疫情影响广泛深远，经济全球化遭遇逆流，世界进入动荡变革期，单边主义、保护主义和霸权主义对世界和平与发展构成威胁。在这一背景下，中欧非作为多极世界的重要力量，肩负着维护世界和平、促进共同繁荣与可持续发展、构建"人类命运共同体"的责任。

第三方市场合作是一种新型的国际合作模式。2015年6月，中法两国政府正式发布了《中法关于第三方市场合作的联合声明》，首次提出了"第三方市场合作"的概念。简言之，第三方市场合作是两国合作开发第三方国家市场的方式。涉及中欧非的第三方市场合作可以有效对接欧洲先进技术、中国优势产能和非洲东道国的需求，实现 1+1+1 ＞ 3 的效果。至今，我国已同包括法国、意大利、西班牙、比利时、荷兰等多个国家，或共同发表联合声明，或签署谅解备忘录，达成开展第三方市场合作的共识。在实践中，我国与相关国家建立了常态化工作机制，定期举行工作会议，并与有关国家签署了示范项目清单。与此同时，打造具有"六共（责任共担、合作共赢、幸福共享、文化共兴、安全共筑和谐共生）"的"中非命运共同体"有着鲜明的时代意义。长久以来，科技合作与共同创新既是联系中非友谊的重要桥梁，也是"促进'南—南'（发展中国家）合作水平、突破'北'（发达国家）技术封锁与壁垒"的现实途径。我国与非洲国家在农业、生物、医药卫生、资源环境、新能源、信息通信、新材料、卫星遥感等双方共同关注的科技领域开展了广泛的合作与交流。由此可见，中欧非第三方市场科技合作应成为中欧合作的重要探索方向。

中欧非开展第三方市场科技合作具有多重意义。首先，开展第三方市场科技合作有利于丰富中欧非合作内涵，助力构建"人类命运共同体"。中欧非协同开展第三方市场科技合作有力地拓展了中欧非利益交汇点，是对原有合作领域的拓展，将丰富科技合作的内涵与形式，有利于夯实中欧非全面战略伙伴关系的基础，推动"人类命运共同体"的全面发展。其次，这种合作有助于高质量共建"一带一路"，科技合作是高质量建设"一带一路"的重要力量与载体。第三方市场科技合作有利于充分挖掘中欧非各方的优势资源，凸显"一带一路"共商共建共享的原则，为国际合作提供新范式、新路径和新空间。再次，这种合作有助于全面促进创新驱动发展，面向全球拓展创新链、产业链和价值链。尤其是与欧洲在关键产业技术领域聚焦"掐脖子"科学问题，面向中欧非共同市场，推进新一代信息技术、生物技术、新能源技术、新材料技术、智能制造技术等关键领域的科技创新，着力提升创新要素、前瞻布局创新基础设施、夯实创新链的全面产业化运用，促进中欧非创新链、产业链和价值链的融合。因此，中欧非第三方市场科技合作为我国科学研究国际化进程的推进提供了一个良好的契机。

本著作面向中欧非科技合作的重大战略需求，综合欧洲、非洲各国科创要素，评估中欧非科技合作的现状和问题，全面梳理中欧非第三方市场科技合作的模式，并剖析中欧非科技合作的重要国别、领域和合作模式，提出促进中欧非务实科技合作的对策和建议。

目　录

1 中欧非三方市场科技合作的形势、背景与意义

1.1 中欧非第三方市场科技合作的背景

当今世界正在经历一场复杂而深刻的变革,经历"百年未有之大变局"。一方面,国际力量对比发生深刻调整,中国、印度等新兴大国崛起,使得世界权力中心首次向非西方世界转移。和平与发展仍然是时代主题,人类命运共同体的理念深入人心。另一方面,"和平赤字、发展赤字、信任赤字、治理赤字"是摆在全人类面前的严峻挑战。国际环境日趋复杂,不稳定性和不确定性明显增加,新冠疫情影响广泛深远,经济全球化遭遇逆流,世界进入动荡变革期,单边主义、保护主义和霸权主义对世界和平与发展构成威胁。近年来,美国"印太战略""中美科技贸易摩擦"等事件标志着中国战略地缘安全环境发生了重大而深刻的变化。特别是以美国为代表的西方传统大国危机意识上升、焦虑感加重,传统现实主义在其国内有所回潮,导致大国竞争重回世界舞台中心。在这一背景下,中欧作为多极世界

的重要力量，肩负着维护世界和平、促进共同繁荣与可持续发展、构建"人类命运共同体"的责任。

当今世界正处在大发展、大变革、大调整时期，信息技术、生物技术、新能源技术、新材料技术等学科的交叉融合正在引发新一轮科技革命和产业变革，新一轮科技革命和产业变革将同人类社会发展形成历史性交汇，科技进步和合作创新将成为推动人类社会发展的重要引擎。信息技术已成为率先渗透到经济社会生活各领域的先导技术，将促进以物质生产、物质服务为主的经济发展模式向以信息生产、信息服务为主的经济发展模式转变，世界正在进入以信息产业为主导的新经济发展时期。生物学相关技术将创造新的经济增长点，基因技术、蛋白质工程、空间利用、海洋开发以及新能源、新材料的发展将产生一系列重大创新成果，拓展生产和发展空间，提高人类的生活水平和质量。新能源技术的发展将为解决能源问题提供主要途径。绿色科技已成为科技为社会服务的基本方向，也是人类建设美丽地球的重要手段之一。

新一轮科技革命和产业革命深入发展，新一代信息技术、生物技术、新能源技术、新材料技术、智能制造技术等领域取得重大突破，世界众多国家已推出振兴制造业的战略或计划。新一轮科技革命和产业变革给人类社会发展带来了新的机遇，同时也呼唤国际社会进行科技创新合作。正如习近平主席在2020年9月的科学家座谈会上所指出的，"国际科技合作是大趋势。"近年来，新一轮科技革命和产业变革浪潮涌起，国际科技创新合作的趋势尤为明显。而今，人类面临着新冠疫情、气候变化等共同挑战，这些挑战更加复杂和严峻，科技合作与交流的需求比以往任何时候都更加迫切。

同时，新一轮科技革命和产业变革对我国来说是一个重要的"机会窗口"。我国以推进新一代信息技术、生物技术、新能源技术、新材料技术、智能制造技术等领域的科技创新及其产业化为重点，加快破除阻碍"创造性毁灭"的体制障碍，着力增加创新要素、提高人力资本存量、前瞻布局信息基础设施等，提高生产要素的配置效率，促进生产要素的积累和全要素生产率的提升。习近平主席在 2020 年 10 月强调，中国将实施更加开放、包容、互惠、共享的国际科技合作战略。自新冠肺炎疫情发生以来，各国科学家协力寻求抗疫之道，聚焦气候变化、人类健康等共同问题，在治疗、药物和疫苗研发、防控等多个重要领域开展科技攻关和跨国合作，为抗击疫情做出了重大贡献，让科技创新更好地造福人类。中国坚持把创新作为引领发展的第一动力，将实施更加开放、包容、互惠、共享的国际科技合作战略，愿同全球顶尖科学家、国际科技组织一道，加强重大科学问题的研究，加大共性科学技术破解，加强重点战略科学项目协作。

20 世纪 70 年代，世界经济和政治处于两大阵营对峙的冷战格局中，面对苏联咄咄逼人的政治和军事威胁，中国与欧共体领导人共同商议，于1975 年正式建立外交关系。自中国和欧盟 1975 年建立外交关系以来，双方关系得到长足发展。特别是 2003 年中欧全面战略伙伴关系建立后，双方各领域合作不断扩大和深化，相互依存关系显著提升。2013 年 11 月，中国国务院总理李克强在人民大会堂同欧洲理事会主席范龙佩、欧盟委员会主席巴罗佐共同主持第十六次中国欧盟领导人会晤。双方共同制定了《中欧合作 2020 战略规划》，这一全面战略规划确定了中欧在和平与安全、繁荣、可持续发展、人文交流等领域加强合作的共同目标，促进中欧全面战略伙伴关系在此后数年的深入合作发展。2019 年 3 月，习近平主席对意大利、摩纳哥和法国进行国事访问，此间"第三方市场合作"成关键词之一。访意期间，习近平主席与马塔雷拉总统一道会见出席中意第三方市场合作论坛的代表。中意关于加强全面战略伙伴关系的联合公报中，专门提到中意双方要落实好2018年9月签署的《中意开展第三方市场合作的谅解备忘录》。访法期间，习近平主席和马克龙总统共同见证了中法第三方市场合作等双边合作文件的交换。

第三方市场合作是一种新型的国际合作模式。2015年6月，中法两国政府正式发布了《中法关于第三方市场合作的联合声明》，首次提出了"第三方市场合作"的概念。简言之，第三方市场合作是两国合作开发第三方国家市场的方式。涉及中欧的第三方市场合作可以有效对接欧洲国家先进技术、中国优势产能和东道国的需求，实现1+1+1＞3的效果。2015年至今，中国已同包括法国、意大利、西班牙、比利时、荷兰等多个欧洲国家，或共同发表联合声明，或签署谅解备忘录，达成开展第三方市场合作的共识。在实践中，中国与欧洲相关国家建立了常态化工作机制，定期举行工作会议，并与有关国家签署示范项目清单。同时，第三方市场合作已成为中欧共建"一带一路"的重要内容，这些国家应成为争取强化"一带一路"中欧合作的第一批标的。欧洲发达国家（尤其是西欧、北欧等"老欧洲"国家）虽然具备核心技术装备优势和管理经验，但受产业空心化、海外市场需求不足等因素的影响，无法有效开发第三世界市场，自身经济增长内生动力不足。中国与欧洲发达国家联合开发第三方市场，能够将中国的优势产能、装备和工程建设能力与欧洲的先进技术和管理相结合，同时与发展中国家的工业化和现代化需求对接，推动形成更为合理和高效的产业分工格局，推动全球产业链高中低端有机融合，真正实现三方的互利共赢，促进世界的共同繁荣。法德作为"老欧洲"的代表,在欧洲范围内有极强的带头作用,而中德、中法合作也在不断深化当中。尽管双方存在理念上的差异,但经贸关系的"稳定锚"作用不会改变,处理分歧相较于北欧国来说也更为容易。 如果能通过进一步协商谈判给法德带来更大的效益,降低甚至改变法德对华偏见,能够为与西欧国家签署"一带一路"合作协议打下基础。一旦西欧成为合作方,其对北欧的示范效益也将逐步显现。

与此同时,打造具有"六共(责任共担、合作共赢、幸福共享、文化共兴、安全共筑和谐共生)"的"中非命运共同体"有着鲜明的时代意义,而中欧非第三方市场科技合作应成为中欧合作的重要探索方向。长久以来,科技合作与共同创新既是联系中非友谊的重要桥梁,也是"促进'南—南'(发展中国家)合作水平、突破'北'(发达国家)技术封锁与壁垒"的现实途径。我国与非洲国家的官方科技合作始于 20 世纪 70 年代,民间科技交往则要追溯到更久以前。在已与我国建立外交关系的 50 多个非洲国家中,我国已与十余个国家签署了双边政府间科技合作协定,与部分国家建立了政府间科技合作联委会机制,并在南非和埃及两国专门派驻了科技外交官。在上述基本框架下,我国与非洲国家在双方共同关注的科技领域开展了广泛的合作与交流,主要涉及农业、生物、医药卫生、资源环境、新能源、信息通信、新材料、卫星遥感等领域。

在以上背景下,欧盟已成为中国重要的经济贸易和科技合作战略伙伴,未来积极开拓中国、欧洲 + 非洲的第三方市场科技合作,有利于充分发挥我国超大规模市场优势和内需潜力,深化与欧盟等发达国家和地区的科技合作,挖掘非洲巨大的资源与市场潜力,构建国内国际双循环相互促进的新发展格局,驱动世界"人类命运共同体"的建构。

中国倡导的多边科技合作

第二届"一带一路"国际合作高峰论坛数字丝绸之路倡议

在 2019 年第二届"一带一路"国际合作高峰论坛数字丝绸之路分论坛上，来自近 30 个国家的嘉宾及中国企业代表 220 余人参加了讨论。"近年来，中国政府秉承'开放创新、包容普惠'的宗旨，大力推进数字丝绸之路建设合作，与 16 个国家签署了数字丝绸之路的谅解备忘录，联合 7 个国家共同发起了'一带一路'数字经济合作倡议。"

二十国集团科技创新部长会议机制

2016 年 11 月 3 日至 5 日，科技部在北京牵头举办了 G20 科技创新部长会议，并举办了 G20 企业创新论坛和第 44 届卡内基集团科技部长会议等配套活动。会议通过了 G20 科技创新部长《联合声明》。G20 成员、6 个嘉宾国的 11 个正部长级和 15 个副部长级的代表以及相关国际组织高官参会。

清洁能源部长级机制和创新使命机制

2017 年 6 月 6 日至 8 日，中国成功主办第八届清洁能源部长级会议和创新使命部长级会议。习近平总书记向大会召开致贺信。与会各国代表围绕清洁能源主题广泛磋商，建言献策，共商全球清洁能源发展大计，取得了积极的重要共识和成果。

金砖国家科技创新部长级会议机制

2017 年 7 月 18 日，中国作为 2017 年东道主举办了以"创新引领，深化合作"为主题的第五届金砖国家科技创新部长级会议。会议成果之一《金砖国家创新合作行动计划》在五国元首见证下签署，目前，金砖国家科技创新合作机制日趋成熟，包括平台建设、联合研究、成立相关专题领域工作组等。

积极牵头国际大科学工程与计划，占领战略性研究新高地

十八届五中全会提出，我国应积极提出并牵头组织国际大科学计划和大科学工程。《积极牵头组织国际大科学计划和大科学工程方案》是 2017 年中央深改领导小组、国家科改领导小组和科技部党组 1 号文的重要任务。2018 年 1 月，经中央深改领导小组审议通过。2018 年 3 月 14 日，国务院正式发布。

国际热核聚变实验堆（ITER）计划

国际热核聚变实验堆（ITER）计划是中国以"平等伙伴"身份加入的第一个国际大科学工程计划。自 2007 年 10 月 ITER 组织正式成立以来，我国切实履行国际承诺，全面参与国际组织管理与 ITER 计划实施，承担的 ITER 采购包制造任务全部签署得到落实，严格按照时间进度和标准，高质量地交付了有关制造设备和部件，展示了中国创造和制造的实力，贡献中国智慧，受

到 ITER 参与各方的充分肯定。

平方公里阵列射电望远镜（SKA）建设准备阶段工作

2011 年 11 月 23 日，七国政府部门／机构签署成员协议，启动 SKA 建设准备阶段，正式成立了非营利的独立法人科研组织——SKA 组织，并组建 SKA 董事会。作为 SKA 首倡国之一，我国在 SKA 发起、工程概念提出、台址选择、国际合作推进及高性能天线设计等诸多方面作出了贡献。

亚太经合组织（APEC）科技创新政策伙伴关系机制（PPSTI）

亚太经合组织（APEC）科技创新政策伙伴关系机制（PPSTI）成立于 2012 年，是 APEC 领导人非正式会议框架下的合作机制。中方在此机制中担任过主席，目前担任副主席，积极参与议题设置和规则制定。通过务实的项目合作，形成倡议、成果，多次将中方的成果写入 APEC 领导人非正式会议宣言。

第四代核能系统国际论坛（GIF）

第四代核能系统国际论坛（GIF）是对第四代核能系统进行研发的国际组织。我国于 2006 年签署《GIF 宪章》，正式成为其成员国。我国参与 GIF 工作 10 多年以来，相继签署了《GIF 框架协议》，钠冷快堆、超高温气冷堆和超临界水冷堆 3 个系统安排协议及延期协议，签署总计 7 个项目安排协议，并作为观察员参与了熔盐堆和铅冷快堆的有关国际合作。

1.2 中欧非科技领域的合作历程

1.2.1 中欧科技合作简要历程

中国与欧盟是互为重要的科研创新合作伙伴。尤其是在现有的中美大国博弈的背景下，如何充分挖掘中欧合作的潜力，加强中欧在科技政策和科技领域间的合作，具有重要的意义和价值。科技领域的合作在中欧各领域的合作中，始终扮演着"排头兵"的角色。1998 年，基于中国与欧盟科研总司、能源总司和信息总司等机构合作的蓬勃发展，双方共同签订了《中欧科技合作协定》，并于 2004 年、2009 年和 2014 年续签。同样在 1998 年，中国与欧盟双方成立了中欧信息通信技术合作工作组（2001 年改为中欧信息社会对话工作组），并与能源合作一样也建立了定期对话的合作制度。从此，欧盟的研发框架计划和中国的主要国家科技计划对彼此开放，这成为中国国际科技合作发展史上的标志性事件。同时，中欧科技合作工作组也升级并更名为中欧科技合作指导委员会，通过定期召开会议，对中国与欧盟科研总司、能源总司、信息总司等欧盟各分支机构的科研合作加强协调管理。2009 年 5 月，中国科技部和欧盟科研总司签订了《中欧科技伙伴计划》。该协议使中国与欧盟科技合作的地位逐步转向了"平等"的共同发展的地位。双方在共同的优先领域共同决定、评选和资助研究项目。2012 年，中欧双方在创新领域签署了《中欧盟创新合作对话联合声明》，创建了官方平台。借助这一平台优势，中国在对欧科技合作中的地位稳步提高。

除此之外，其他领域的科技合作虽然没有完成制度化进程，没有形成完整的合作体系，但通过不定期工作组会议、签署协议等方式也推进了双方的合作。例如，中欧在材料研究领域也成立了工作组，不定期召开会议。因农业领域的合作取得了显著成效，2011 年成立的中欧农业工作小组成为《中欧科技合作协议》下辖的第一个单领域工作小组。2013 年还签署了堪称旗舰计划的"食品、农业和生物科技科研创新合作意向书"。欧盟科研总司代表欧洲原子能共同体先后签订了《核能合作协定》和《和平利用核能研发合作协定》，开启了双方在核能领域的合作研究。在面对突发性或重大事件时，如 SARS 暴发和北京奥运会时，中欧科技合作均反应迅速，立刻成立专门合作工作组，建立专项计划用于解决具体问题。

2013 年 11 月，在第十六次中国欧盟领导人会晤期间，中欧双方共同制定《中欧合作 2020 战略规划》，这一全面战略规划确定了中欧在和平与安全、繁荣、可持续发展和人文交流等领域加强合作的共同目标，将促进中欧全面战略伙伴关系在未来数年的进一步发展。其中明晰了科技创新的核心地位，强调在《中欧科技合作协定》框架下，加强在科技和创新领域的产学研合作，应对共同挑战；发挥中欧科技合作指导委员会的框架作用，用好创新合作对话，在人力资源、技术技能、研究设施、创新融资、科研成果转化、创业精神和创新框架条件等方面，实现优势互补、互利共赢。提出建立中欧产业集群合作倡议，加强在可持续增长和城镇化等战略领域的协作。进一步探索在食品、农业和生物技术、城镇化可持续发展、航空、水资源、医疗和信息通信技术领域的联合科研创新合作倡议，并制订联合资助计划。鼓励各自的研发人员参与彼此的科研项目。在互利共赢的基础上，继续执行《新能源、可再生能源及能效技术合作联合声明》，同时重视中小企业的适当参与。加强在国际热核聚变实验反应堆项目框架内的合作，并建立聚变能源研究战略伙伴关系。加强中欧在核安保、核燃料循环、核事故应急、核废物管理和核安全等领域的交流与合作。

在 2015 年 6 月举行的"第 17 次中欧峰会"期间，中欧共同倡议设立联合资助机制（CFM）。根据该机制的规定，自 2016 年起，中国科技部将为中方机构参与"地平线 2020 计划"科研创新项目和科研人员的交流提供资金支持。在 2016—2020 年期间，中欧分别筹集 1.5 亿欧元和 5 亿欧元用于联合资助计划。从此，中方作为主持人的欧盟研发框架科研项目统一在科技部网站上提交申请，这一机制极大地提升了中方科研人员作为项目主持人参加欧盟研发框架计划的比例，并使中方参加欧盟研发框架计划的申报从以往的各自分散申请的状态转变为从科技部国家科技管理信息系统集中统一申报，使双方的科技合作系统化、规范化。由此，中欧科技合作策略转变为以中方为主、互利双赢。

1.2.2　中非科技合作简要历程

早在 1955 年的"亚非万隆会议"上，中非就已经达成了加强"文化科技合作"的决议。而中国与非洲国家的官方科技合作始于 20 世纪 70 年代，中国与非洲国家在双方共同关注的科技领域开展了广泛的合作与交流。合作领域主要涉及农业、生物、医药卫生、资源环境、新能源、信息通信、新材料和卫星遥感等。合作形式主要包括联合研究、技术示范、人才培养、科研捐赠、科技交流和联合疫情防控等。

自 20 世纪 90 年代以来，在中非经济体制改革与调整的推进下，中非科技关系由以往单纯的"援助"向"互利、共赢"的模式转变。2000 年中非合作论坛的成立，使中国与广大非洲国家在政治、经济等领域的合作不断加强。在此之前，中非关系虽然稳步发展，但缺乏统一的机制化合作平台，在国际社会普遍加强对非合作而中非双方又均有强烈合作意愿的大背景下，中非合作论坛的成立为中国与非洲之间搭建起规范化的政策对话和沟通平台。这一合作机制经历了过去20年的发展，在不断探索中逐渐趋于成熟和稳定。此后，《中国对非洲政策文件》（2006）、《非洲科技整体行动计划》（2009）的发布，以及中国科技部于2009年11月正式启动了"中非科技伙伴计划"。该计划旨在帮助非洲国家开展科技能力建设，受到非洲国家及国际社会的支持和关注，成为中非科技合作的新的里程碑。该计划实施三年多以来，通过适用技术及科技管理培训、博士后培养、科研设备捐赠、联合研究与技术示范、科技交流研讨等合作内容，促进了非洲国家科技能力建设，推进了中非科技合作的深入和务实开展。

随着《中非合作论坛后续机制程序》的确立，以及中非民间论坛、中非减贫与发展会议等分论坛或会议的陆续召开，这一多边合作平台也日趋规范化和制度化，合作内容不断增多，合作层次不断加深，中非合作论坛机制已经成为中国参与国际制度建构和全球治理的一部分。自"一带一路"倡议提出以来，尤其是2015年中非合作论坛（约翰内斯堡、北京峰会）的顺利召开，无一不显示中非科技合作正在迈入一个全新阶段。合作内容在经济领域从产能合作拓展到产业对接和共建"一带一路"，和平安全合作成为重要合作领域，治国理政经验交流成为合作的新亮点。

自新冠疫情暴发以来，中非科技合作深入到抗疫、健康领域。在2020年6月举办的中非团结抗疫特别峰会上，习近平主席指出，中国将继续全力支持非洲抗疫行动。双方应坚持人民至上、生命至上，尽最大努力保护人民生命安全和身体健康，坚定不移携手抗击疫情，坚定不移推进中非合作，共同打造中非卫生健康共同体和更加紧密的中非命运共同体。会议发表了《中非团结抗疫特别峰会联合声明》，向国际社会发出中非团结合作的时代强音。这种合作抗疫除了互相提供药品和人员的援助外，也落实在科技合作方面。新冠疫情发生后，中国国药集团和摩洛哥等非洲国家有关方面密切沟通，协商达成了《新冠灭活疫苗临床合作协议》《新型冠状病毒灭活疫苗合作协议》，中国研制的新冠疫苗取得了摩洛哥政府的临床试验许可，并已经开始在埃及进行第三期临床试验。在中非合作抗疫过程中，虽然时有内外部的杂音，但只要双方抱着尊重事实、求同存异的态度，相关问题一定会得到妥善解决。

中非互为重要的战略伙伴，非洲也是"一带一路"倡议的重要参与者。从全球减贫发展的千年目标来看，中非互为依托，其战略意义不言而喻。中非已成为彼此重要的商品市场和产能合作方。非洲是中国重要的战略物资供应方、重要的投资地和产能转移地，更将成为中欧非第三方市场科技合作，从而引领构建"人类命运共同体"的重要组成部分。

1.3　中欧非第三方市场科技合作的意义

中国、欧洲与非洲加强开展第三方市场科技合作具有多重意义。

1.3.1　丰富中欧合作内涵，助力构建"人类命运共同体"

中欧全面战略伙伴关系建立以来，双方合作结出丰硕成果，在诸多领域建立了较好的合作基础。在非洲开展中欧非第三方市场科技合作扩大了中欧利益交汇点，是对原有合作领域的拓展升级，尤其将丰富科技合作的内涵与形式，有利于进一步夯实中欧全面战略伙伴关系的基础，推动构建人类命运共同体。2020 年 9 月 14 日，国家主席习近平在北京同欧盟轮值主席国德国总理默克尔、欧洲理事会、欧盟委员会共同举行会晤时强调，中欧要坚定不移推动全面战略伙伴关系健康稳定发展，坚持和平共处。世界上没有完全相同的政治制度模式，不同文明文化多元共生才是常态。中欧和平共处的力量坚定一分，世界的和平和繁荣就多一分保障。

1.3.2 拓展双循环路径，携手构建开放型世界经济

这种合作有利于中欧携手构建开放型世界经济。中欧是贸易多边主义的捍卫者，是构建开放型世界经济的支持者。作为全球两大稳定力量和两大主要经济体，中欧积极开展非洲的第三方市场合作，有利于推动国际市场大融合、大开放、大对接。正如习近平主席 2020 年 9 月所言，中国致力于逐步形成以国内大循环为主体、国内国际双循环相互促进的新发展格局。中方将通过不断挖掘内需潜力，实现中欧两大市场、两方资源的更好联通、更大效益，推动中欧共同发展更加强劲、更可持续，从而为构建开放型世界经济汇聚更多正能量。此外，非洲曾被商界称为世界上唯一未被开发的"处女地"。自 21 世纪初中国全面推进企业"走出去"战略以来，中欧非加强在科技、产业方面的第三方市场合作，通过多边合作框架，促进产能输出，实现宏观经济利益（获取海外资源与外汇资产保值），并繁荣非洲经济。

1.3.3 助力创新驱动，面向全球拓展产业链

在创新驱动发展的背景下，科学研究由"单一目标与问题"向"跨地

域、全球性"转变势在必行。具体到我国技术创新实践来说，要想快速摆脱"技术低端锁定""实现非对称性赶超""占领全球产业链的上游位置"，就必须将研发创新的眼光投向全世界。各类科技成果的商业化和市场化不能仅限于国内市场，而是要符合全球所有消费者的需求。中欧非第三方市场科技合作为我国科学研究国际化进程的推进提供了一个良好的契机。作为贫困国最为集中的大洲，尽管拥有着丰富的矿产、水及动植物资源，但非洲各国的信息技术、生物技术、开采技术和金融技术普遍落后，迫切需要引入先进技术对现有资源进行合理利用与开发。中国作为负责任的大国，有必要用自己的技术来帮助非洲国家。

1.3.4　精耕"一带一路"，为国际合作提供新范式

中欧非第三方市场科技合作有助于高质量共建"一带一路"。经过六年多的发展，共建"一带一路"已进入精细化合作阶段。第三方市场合作有利于聚拢中欧优势资源，凸显"一带一路"共商共建共享的原则。中欧非开展第三方市场合作是对互利共赢理念的践行，利于消减少数欧洲人士对"一带一路"的偏见，利于回击"一带一路"项目透明度低、"债务陷阱"等不实论调，为国际合作提供新范式。第三方市场合作的核心理念是不同国家可以用差异化优势相互对接、相互补漏，注重合作联动，避免恶性竞争，不以牺牲别国市场为代价拓展本国国际市场，携手将共同利益蛋糕做大，实现多赢共赢。对全球来说，第三方市场合作有助于高效配置全球资源、重塑全球分工体系、破解发展赤字和治理赤字，对提振全球经济、构建开放型世界经济具有积极意义。正如国家主席习近平在2020年9月所言，"坚持多边主义。中方愿同欧方在双边、地区、全球层面加强对话和协作，坚

持共商共建共享的全球治理观，维护以联合国为核心的国际秩序和国际体系，推动政治解决国际和地区热点问题。坚持对话协商。中欧要把握好中欧关系合作发展的主流，以对话化解误解，以发展破除难题，妥善管控分歧，从而坚定不移推动全面战略伙伴关系健康稳定发展"。

2 中欧非洲三方科技合作的现状、问题与成功经验

2.1 中欧科技合作的现状及潜力分析

本部分基于科研论文合作等数据，借助大数据挖掘技术、复杂网络、空间统计和重力模型分析，刻画中欧科技合作的分国别科技产业现状及科技产业合作潜力，识别出中欧科技合作中的重点国家。

2.1.1 中欧科技合作趋势总体分析

论文是科研成果产出的主要载体，合作发表论文的数量在一定程度上能反映不同国家科学研究之间的联系强度。基于 Web of Science 核心合集数据库，分别筛选 2005 年、2010 年、2015 年和 2019 年欧洲 44 个主权国家与中国合作发表的论文数据，据此识别中国与欧洲各国科技合作的强度。如图 2.1 所示，从整体上看，欧洲与中国科研联系较为紧密，发文数量逐年上升，从 2005 年的 6932 篇增长到 2019 年的 80082 篇，年均增长率达

19.1%，且 2010 年后增速明显提高。

为便于分析，我们将欧洲国家划分为东欧、中欧、西欧、南欧和北欧五个亚区。如图 2.2 所示，尽管自 2005 年以来，欧洲各区对华合作论文数量均有上升，但相对数量排位不变，2019 年，欧洲各区域中，西欧 7 国与华合作产出规模最大（28018 篇），其次是中欧 8 国（21553 篇）、南欧17 国（14558 篇）、北欧 5 国（10492 篇），东欧 7 国与华合作产出论文数量最少（5461 篇）。

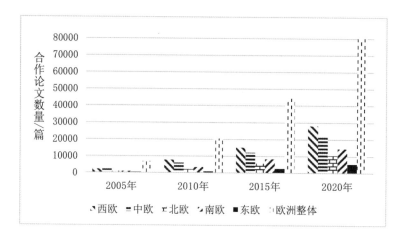

图 2.1　2005—2019 年欧洲各区对华合作论文产出趋势

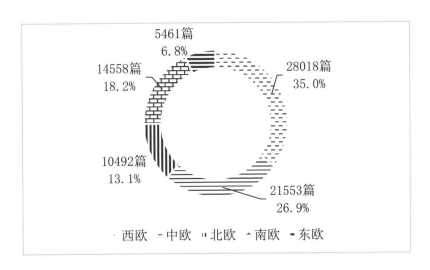

图 2.2　2019 年欧洲各区对华合作论文产出数量及占比

2.1.2　重点合作区域识别

考虑到不同区域包含的国家数量不同，我们以各区域平均合作论文数为依据识别重点合作区，以消除国家数量对区域合作论文总数的影响。

从 2005—2019 年欧洲各国对华合作论文数量来看，各国对华合作数量逐年增长，但合作总量差异显著，从几篇到上万篇不等。排名前十位的国家分别是德国、英国、法国、意大利、荷兰、瑞典、西班牙、俄罗斯、瑞士和丹麦，其中 3 个国家来自西欧，2 个国家来自中欧，2 个国家来自南欧，剩下 2 个国家分别来自北欧和东欧（图 2.3），分别占各区域国家数量比例的 50%、25%、6%、20% 和 14%。因此，欧洲各区域对华科研合作联系强度由强到弱依次为西欧、中欧、北欧、东欧和南欧。

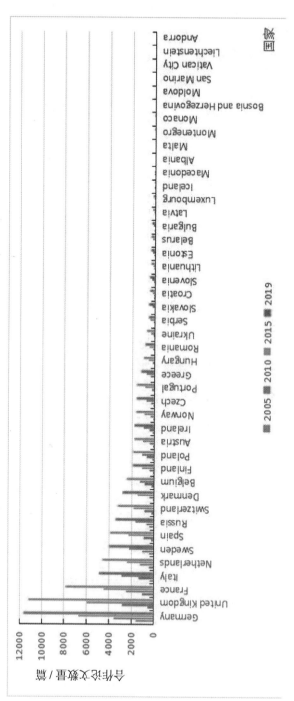

图 2.3　2005—2019 年欧洲各国对华合作论文数量

从 2005—2019 年欧洲各区域平均对华合作论文数量（表 2.1）来看，欧洲各区域对华合作数量稳步提升，但相对位次不变。2005 年，西欧和中欧差别不大，北欧居中，南欧和东欧合作论文数量较少且接近。经过十四年的发展，西欧遥遥领先，且保持较高增速；中欧对华合作稳步推进，增速喜人；北欧在 2005—2015 年增速稍缓，但近年来合作强度有所加强；南欧和东欧奋起直追，但合作强度仍有待提升（图 2.4）。

表 2.1　欧洲各区域对华合作论文数量

	2005 年	2010 年	2015 年	2020 年
西欧	337	1112	2171	4003
中欧	293	761	1526	2694
北欧	104	230	555	1038
南欧	56	204	498	856
东欧	65	134	384	780

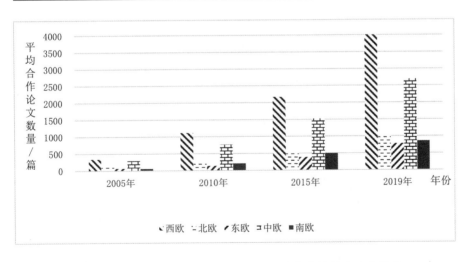

图 2.4　2005—2019 年欧洲各区域平均对华合作论文产出趋势

从空间结构来看，欧洲各区域对华合作强度呈现出"外围高，中间低"的特征。根据欧洲各国对华合作论文数量，将合作强度划分为弱（≤ 100篇）、较弱（101～1000篇）、中等（1001～3000篇）、较强（3001～5000篇）、强（≥ 5001篇）5个等级，以此判断欧洲各国对华科研合作强度。一直以来，德国、法国与中国科研合作往来密切，英国在2015年后增长显著，超越法国成为对华联系第二紧密的国家。经过十四年的发展，各地区对华合作强度均得到了明显提升，但是合作强度不均衡，区域差异化显著。瑞典、俄罗斯、意大利、西班牙对华合作强度突出，北欧、东欧、南欧仍呈现"个别突出，整体不足"的发展态势。

2.1.3 重点合作领域识别

中国与欧洲不同国家合作领域的广泛程度存在很大差距，合作领域的广泛性一定程度上能反映国家的科研能力及优势领域。通过计算赫芬达尔系数，来测度不同国家合作领域广泛程度。意大利、法国、西班牙等大国赫芬达尔系数较低，表明其与中国的科技合作领域分布广泛，而安道尔、摩尔多瓦等小国赫芬达尔系数较高，意味着其与中国仅在某些特定领域开展科技合作（图2.5）。

图 2.5　2000—2019 年中欧各国合著论文数量及赫芬达尔系数

为了精准识别欧洲不同国家与中国开展科技合作的优势领域，本研究基于 Web of Science 核心合集数据库，立足 Citation Topics 在宏观尺度上的学科分类方法（共分为临床医学和生命科学；化学；农学、环境学和生态学；电气工程、电子和计算机科学；物理学；社会科学；工程和材料科学；地球科学；数学；艺术和人文 10 大领域），计算各领域合作发文总数，得出以下结论：物理学、临床医学和生命科学、化学、电气工程、电子和计算机科学是中欧合作规模最大的四个领域，而艺术和人文、社会科学等方面的合作研究相对较少。另外，社会科学、电气工程、电子和计算机科学、艺术和人文是年均增长率最高的三大领域，近年来得到蓬勃发展（图 2.6）。可以看出，基础学科的科研合作地位显著。

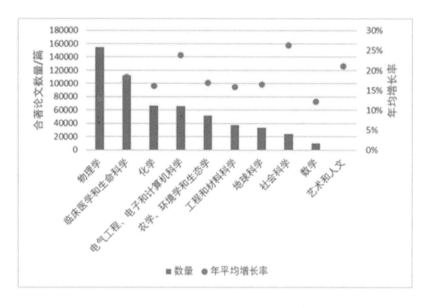

图 2.6　2000—2019 各领域合著论文总数及年均增长率

综上所述，中国与欧洲科技合作历史悠久，合作对象多、领域广，合作强度稳步提升，但是不同国家合作数量、合作领域差异显著。中国与西欧科技合作基础良好，英国、法国、荷兰是重点合作伙伴；与中欧科技合作稳定增长，其中与德国、瑞士联系更紧密；与北欧、东欧、南欧合作有待加强，但与瑞典、俄罗斯、意大利、西班牙合作紧密。

2.2　欧洲重点国家的对华科技合作现状分析

为了探索值得借鉴的中欧非三方合作模式，基于上文定量识别结果，梳理分析西欧、中欧、北欧、东欧、南欧典型国家科技产业发展现状、对华科技合作现状和对非科技合作现状。

2.2.1　西欧对华科技合作现状

西欧是工业革命的发源地，也是现代工业最发达的地区之一。该地区经济基础雄厚，交通便利，劳动力质量高，煤铁资源丰富，工业部门齐全，核能、航空、汽车、化工等技术密集型工业最为发达，钢铁、机床、船舶、电力等产量居世界前列，生物技术、信息技术等高科技产业发展位居世界前列。

中国与西欧科技合作历史悠久，1978 年即与英国、法国等国家签署政府间科技合作协议，经过四十多年的发展，合作涉及工程制造、人工智能、生物医药、新能源等多个方面。我国正处于技术追赶时期，在科技发展的过程中，首先依靠的是对外开放，引进、消化和吸收国外先进技术。而西欧国家技术先进，可以作为我国引进技术的主要来源，中国与西欧国家通过优势互补，以创新合作促进共同发展，符合双方的共同利益。近年来，在"创新型国家战略"的指导下，我国与西欧国家技术科技合作日趋活跃，由传统意义上的技术合作逐渐转向科技创新合作。未来，双方的创新合作不仅仅局限于科学研究的合作，而是沿着整个创新链的全方位的，从基础研究、应用研究、技术研发到产业化的务实合作。

2.2.2　中东欧对华科技合作现状

中东欧地区资源丰富，基础工业实力雄厚，属资源密集型重工业地区，工业布局多集中在靠近原料和燃料产地的内陆地区，第二次世界大战后，电子、宇航等新兴工业发展较快。另外，中东欧各国都具有一些别具特色的技术，例如波兰的煤炭及其加工技术、罗马尼亚的石油工业及设备、匈牙利的农业技术、斯洛伐克的钢铁冶炼技术等。中国与这些国家在科技方面各有所长，互有所需，我国与波兰的草莓技术合作、罗马尼亚的高含油向日葵技术合作、保加利亚的水库建设技术合作等都卓有成效。

2012年，中国与中东欧17国领导人的首次会晤在波兰华沙举行。中国—中东欧"17+1合作"成为中欧经贸合作的新增长点。八年来，中国与中东欧的贸易增长已经超过了50%，中国对中东欧国家的投资也从合作初期的30亿美元增长到了126亿美元。匈塞铁路、比雷埃夫斯港、佩列沙茨跨海大桥等一大批合作项目为促进东道国的经济社会发展作出了重要贡献。在整个中国对欧交流中，"17+1板块"体积虽小，但增量非常显著，未来需要格外重视它的地位。

2.2.3　北欧对华科技合作现状

北欧地区经济发达，科技先进，利用知识经济取代资源依赖，在2019年度全球竞争力报告中，北欧五国均位列世界前25位，在军工、制造业、信息通信技术、清洁能源和环保产业等方面都处于领先地位。

北欧五国均是亚投行的创始成员国，中国与北欧国家合作有着长期友好的关系，但也存在整体合作规模小等缺陷。当前，中国经济和社会发展模式日益从改革开放初期粗犷型、追求经济总量的经济发展模式向集约型模式转变，对科技创新、产业升级换代，以及富于创新性和可持续发展、环境友好型经济社会的需求日增。芬兰、瑞典等北欧国家在高科技运用、创新理念和体系建设，以及环保、新能源和可持续发展领域均处在世界领先地位，能为中国和北欧开展合作提供方向。另外，借助"冰上丝绸之路"新平台等优势，中国将与北欧建立更紧密的合作关系。

2.2.4　南欧对华科技合作现状

南欧地区经济发展水平差异较大，工业规模较小，技术水平与西欧、中欧相比较落后，是欧洲工业化水平最低的地区。但是，南欧也具备一些有着特色产业的国家。例如，意大利的原油年加工能力为1亿吨左右，有"欧洲炼油厂"之称；钢产量居欧洲第二；塑料工业、拖拉机制造业、电力工业、衣饰皮革制造等也位居世界前列。此外，西班牙的造船、汽车，保加利亚的食品加工（酿酒、乳制品），罗马尼亚和塞尔维亚的机械、采矿等产业也较具影响力。

目前，中国与意大利、西班牙等国家开展了积极合作。中意双方已签署《中意面向2020的科技创新合作战略规划》，建立了中意海安、宁波生态园、镇江农业示范创新园，在农业技术、空间科技和航空航天等领域取得成效，并探索"中国制造2025""互联网+"战略与意大利"工业4.0"计划互动的可能，以提高产业国际竞争力，加大高新技术研究、开发和应用的力度，拓展信息技术在产业和公共服务方面的作用。此外，中国与西班牙也开展了长期合作。2003 年成立了"中国西班牙论坛"，对建设智慧城市、打造数字经济和实现绿色发展等课题展开合作。

2.2.5　欧洲对非科技合作现状

欧盟、非盟等组织积极建立合作联系，双方在和平与稳定、贫困与不平等、恐怖主义与极端主义等领域建立了牢固的伙伴关系。2020 年 3 月，欧盟对非洲关系新战略在布鲁塞尔发布。这份政策文件提议，欧盟应该与非洲全面发展关系，建立绿色发展能源过渡、数字化转型、可持续增长与就业、和平与治理、移民与流动性五大伙伴关系。文件提出加强与非洲在十大领域的合作，涉及绿色发展、数字转型、经济一体化、营商环境、科研创新培训、冲突解决、社会治理、人道主义援助、移民管理等。过去欧盟对非洲的政策主要是经济援助，未来将向政治合作转变，新战略的最大特点是把非洲从目前的"发展援助对象"提升为"合作伙伴"，谋求建立战略伙伴关系。

2.3　重点国家合作案例分析

改革开放 40 多年来，中欧形成了复杂的产业间合作网络，合作共赢的中欧关系推动了中国和欧洲的经济发展。2004—2019 年，欧盟连续 16 年成为中国第一大贸易伙伴，2020 年在新冠疫情的影响下，中国首次成为欧盟第一大贸易伙伴。尽管近年来中欧合作受欧洲系列"黑天鹅"事件、中美贸易摩擦、海外投资监管趋严的影响有所波动，但在"一带一路"倡议、

"中国制造 2025"等战略引导下，中欧合作不断深化，技术并购、产业园区建设等日益成为中欧合作的重要方式。

2.3.1　中德科技合作现状

1972 年中德建交，两国关系逐步进入稳定发展状态。2014 年 3 月，中德两国共同发表了《建立中德全方位战略伙伴关系的联合声明》，两国关系发展进入全新阶段。同年 10 月，李克强总理出访德国，双方发表了《中德合作行动纲要》。"一带一路"倡议提出后，中德经济合作日渐紧密。

近年来，中国企业对德直接投资领域不断扩展，从传统重工业逐步向高新技术产业转移。据德国联邦外贸与投资署发布的 2019 年外国企业在德国投资项目的最新报告显示，中国企业投资的主要行业为机械制造与设备 16%、消费品食品 16%、汽车领域 14%、电子与半导体行业 13%、信息与通信技术与软件 11% 和商业与金融服务 8%。并且，中国企业在德制造和研发比例高出平均值（19%）四个百分点。另外，中德双方在产业合作方面积极探索，在北京、沈阳、常州等多个城市建立了合作园区。

案例 1　三一重工收购德国知名企业普茨迈斯特

2012 年 1 月，三一重工出资 3.24 亿欧元收购世界混凝土巨头德国普茨迈斯特（Putzmeister）。收购完成后，中国研发人员数量与德国研发人员的质量有效整合，使得公司整体研发效率和质量大幅提升，关键技术取得新进展。2012 年上半年，三一重工自主研发的全球装载方量最大的 20 方搅拌车 SY5312 正式下线；

首台推土机SYT7成功下线；油缸关键技术研究应用通过鉴定，达到国际领先水平。此外，并购后三一重工获得代表顶尖技术的"德国"制造产品标签，有效促进产品从中低端品牌向高端品牌发展。另外，并购后企业产品规模、销售网络、海外市场均得到有力拓展。

案例2　中德（常州）创新产业园

2020年9月，中德（常州）创新产业园开园，标志着常州对德合作进入全新阶段。目前，园区面积为27.5平方公里，已集聚埃马克、皮尔磁等德资企业33家，总投资超6亿欧元，并引入德国双元制职业教育模式和应用型创新人才培养体系，共同培养技能型和应用型创新人才，广泛开展技术转移、成果转化、医疗养老等国际创新合作。另外，园区将突出"科技＋制造"，致力打造长三角德资企业集聚新高地、中德产业与创新深度融合示范区，计划到2021年，园区德资企业数将达50家，到"十四五"末超过100家。

2.3.2　中英科技合作现状

1972年中英建交，1978年中英两国签订政府间科技合作协议，2009年大不列颠及北爱尔兰联合王国政府发布《中英合作框架》，成为两国合作的重要转折点。2015年10月，中国国家主席习近平对英国进行国事访问，开启了中英两国关系的"黄金时代"。英国率先加入亚洲基础设施投资银行，积极参与"一带一路"建设。2017 年 12 月 6 日，中英正式签署了两国间《科技创新合作备忘录》，发布了《中英科技创新合作战略》。这是首个中国与其他国家联合制定的双边科技创新合作战略，标志着两国在近 40 年科技创新合作的基础上迈上了新的台阶。

中英两国产业结构互补性较强，经贸合作发展迅速，实现了多平台、多战略对接。在英国脱欧前，英国是中国在欧盟内第二大贸易伙伴、第二大投资目的国和第二大实际投资来源国，中国是英国在欧盟外第二大贸易伙伴和重要投资目的国。两国在技术转移、科技园区建设方面进行了积极探索，在节能环保、生物、高端制造、新能源等战略性新兴产业和高技术产业、金融、航运等现代服务业发展也蕴藏着巨大潜力。

案例 1　凯桥资本收购英国 Imagination Technologies

2017 年 11 月，中资背景的美国硅谷私募基金凯桥资本（Canyon Bridge）以 5.5 亿英镑收购英国嵌入式 GPU 芯片 IP 供应商 Imagination Technologies。该英国公司曾是苹果 GPU 供应商，后苹果转用自研 GPU，致使 Imagination 元气大损，转为整体出售。在被中资收购后，Imagination 加大在中国市场的投入，2019 年 12 月推出号称最强大 GPU 架构的新一代 IMG A 系列 GPU 架构，能在汽车、AIoT、DTV/STB/OTT、数据运算、移动及服务器等领域以低功耗预算提供比同行表现更佳的性能。

案例2 青岛中英创新合作产业园

2018年，中英创新产业园项目在青岛市建设，标志着首个中英地方合作产业园成立。一期启动区总投资约2亿英镑，计划建设周期1年半，共同推动生命科学孵化器、创意办公孵化器、中英创新交流中心及相关服务设施等载体的建设，打造中英商贸平台，促进商品和技术贸易，加强双方在生命健康、创新创意领域等领域的产业合作。

2.3.3 中法科技合作现状

1964年中法建交，1997年建立面向二十一世纪的全面伙伴关系。在"一带一路"背景下，中法经贸合作不断增多，双边合作机制日渐完善，合作领域从航空航天、核能逐步向更多高新技术产业扩展。2020年12月，中国国家主席习近平同法国总统马克龙通话，对下阶段双多边合作达成了多项重要共识，并指出将在生命医学、生物育种、月球和火星探测、卫星研发等领域开展更多合作。

案例1 中国化工蓝星公司并购法国安迪苏公司

中国化工集团旗下蓝星总公司2006年以4亿欧元成功并购世界著名的动物营养添加剂生产厂商法国安迪苏集团，并在随后十年中顺利完成整合、助推后者提升了盈利能力。

安迪苏公司是世界最大的动物营养添加剂生产厂商之一，以专业生产蛋氨酸、维生素、酶制剂和过瘤胃蛋氨酸系列产品为主，是唯一一家可生产固体和液体蛋氨酸的企业。并购后，关键生产技术得到突破，开拓了欧洲市场，并为蓝星集团向全球发展打下了良好基础。2014年初，双方在中国南京投建的一期7万吨产能液体蛋氨酸工厂成功开车并迅速实现盈利。

案例2　中法武汉生态示范城

2014年3月，中法两国政府代表在巴黎签署了《关于在武汉市建设中法生态示范城的意向书》，中法武汉生态示范城正式落户于武汉市蔡甸区后官湖区域。生态城核心区面积39平方公里，拓展区62平方公里，辐射区120平方公里。中法生态城是中法两国政府间的国际合作项目，现代服务业是生态城重点发展的支柱产业，致力发展研发设计、检验检测、文化创意、管理咨询、金融服务、现代商贸、健康医疗、现代旅游等行业。目前，招商引资取得丰硕成果，法国电力集团、必维国际检验检测华中总部、雷诺汽车无人驾驶、法国岚明建筑设计武汉有限公司、勒芒"自然之门"生态公园、中国·武汉太空科创园、优炫信息安全产业园、华中文谷、中法文化艺术交流中心等一批重大项目均已落户。

3 中欧非三方科技领域的
合作模式与机制探讨

当今科学已经步入"大科学"时代，科技领域的发展通常也是彼此依存、相伴而生，科技方面的重大突破需要多国共同合作努力方能完成。加强国家间的科技合作，充分发挥不同国家在科技领域的既有优势，探索构建开放包容的国际合作新模式，不仅契合了各国开放合作、联动发展的现实需要，也是提升我国与世界主要国家在基础科学、先进技术、工程实践等方面开展合作研究的重要尝试。从中国、欧洲和非洲三方科技合作的历史发展来看，目前中欧非三方科技合作以中欧科技合作为主，中非科技合作也具备一定的发展基础。

3.1 中欧科技合作现有模式与机制

当前，中国立足于科技创新赶超战略，借助与美国、欧盟等发达国家和地区的科技合作，正在赢得更多科学话语权，推动世界科学向多极化方向发展。欧盟已成为中国最大的经济贸易和科技合作伙伴。整体而言，中欧科技合作经历了从无到有、从少到多、从小到大的发展过程。地位趋于平等，管理逐渐规范，机制逐步完善。通过梳理中国与欧盟在科技创新领域的合作形式、协作领域和管理模式，可以发现，中欧科技合作模式大致可划分为一对多集中管理、多头管理和协作管理三种类型，特别体现在科研合作、工程合作等重点领域，以及以产业园区为代表的空间载体。

3.1.1　管理模式

在中欧各领域合作中，科技合作始终扮演着关键性角色。总体上，中欧科技合作基本是由政府主导的自上而下的管理模式，由欧盟超国家实体与中国政府机构共同促成。从发展历程上来看，中欧科技合作模式大致可分为三个时期：1998 年之前的一对多集中管理模式、1998 年《中欧科技合作协定》签订后的多头管理模式，以及 2015 年联合资助机制（CFM）设立后的协作管理模式。在中欧双方合作历程中，经过不断改进管理模式，中欧科技合作能够有效整合了现有资源，促使中欧合作朝着高效、平等的方向发展。

（1）一对多集中管理模式（1981—1998 年）

在这一时期内，中方由当时的国家科委统一负责与外方进行科技合作，而欧方的能源总司、信息总司等各部门均被赋予了科学技术决策和管理的功能，需要在中欧建交后通过发展相关科技领域的合作来拓展本部门的职能，即实行一对多集中管理模式。

在这一时期，中国与欧洲共同体的科技合作多采用援助性、示范性的方式，欧洲共同体作为主导，中国处于被动地位，人员培训、专家互访等各项费用基本都由欧洲共同体承担。中欧合作项目大多与中国的"863"

计划所属项目相关。虽然在合作过程中，中方显得相对弱势，但也提高了国内科研人员的研究水平，并积累了国际合作研究经验。

（2）多头管理模式（1998—2015年）

1998年，基于中国与欧盟科研总司、能源总司和信息总司等机构合作的蓬勃发展，双方共同签订了《中欧科技合作协定》。该协定的签订从制度层面确定了双方的合作机制，是双方合作的突破性进展。在协定签署之前，绝大多数欧盟研发框架计划的项目不对中国开放，而1998年的协定中明确了"中国继续作为发展中国家参加欧盟的为了发展的研究活动"。这一条款保障了中国不但可作为平等伙伴参加欧盟框架计划的主体部分，而且继续在框架计划的国际合作专项中享有发展中国家的受援待遇。从此，中国的科研机构和人员无须通过国家科委（科技部）作为中介，只要能找到欧盟的研究合作伙伴，就可以直接与其建立联系，共同申请框架计划的资助。这极大地鼓励了科研人员自发寻找合作对象的积极性。更重要的是，这一协定使一些原本属于欧盟能源总司、信息总司的科技合作项目也能够在欧盟科研总司的研发框架计划中获得支持，双方的合作范围、结构和方式都得到了极大的拓展。

由此，这一国家层面的协定使中欧合作的"一对多"模式转变成为"多对多"的多头管理模式，中欧科技合作进入了全面开花、蓬勃发展的阶段。虽然总体上双方的合作还是自上到下以政府导向为主，但科研人员和企业对外交流意识增加，主动性也明显加强，双方共同形成了很多固定的合作伙伴，以自下而上的方式共同推动了中欧科技合作的进程。但就合作方式而言，由于中国还处于框架计划中规定的发展中国家序列，所以援助性、示范性的合作仍然由外方机构主导。据调查，在中方单位参与的所有项目中，由外国机构发起的占 70.16%，中方机构发起的占 3.23%，中外共同发起的占 26.61%。参与欧盟研发框架计划的中方单位中，有 82.4% 是由外国机构邀请参与框架计划，8% 是通过中方单位邀请参加的。

（3）协作管理模式（2015 年至今）

虽然多头管理模式极大地促进了双方科研团队的培育，但有时不可避免地会产生竞争和资源浪费。松散的管理模式使双方无法掌握科技合作的全局，更难以对中欧科技合作进行战略管理和前瞻规划。作为一个大国，中国以往的多头管理导致国家层面缺乏对中欧科技合作项目的整体数据，无法对合作项目进行综合评估。此外，科研人员在申请合作项目时感受不到中国科研管理部门的支持，长期以来的合作"不平等"地位难以扭转，这些因素势必对未来的科技合作造成不利影响。从 2014 年开始执行的"地平线 2020 计划"中，中国和其他新兴经济体将不再自动获得"地平线 2020"项目资金，而是需要自行寻找资源（现金或实物），作为他们身为"地平线 2020"项目参与方的贡献。这一改变为中欧科技合作带来了新的挑战和机遇。挑战在于中方科研人员必须自行出资才能与欧方合作，因此政府增加资助力度势在必行。机遇是中方科研管理部门在大幅增加资助时，会考虑借助这一契机提高中方科研人员的地位，改变现有的松散管理，从而系统地管理中国政府提供的科研资金。

在 2015 年 6 月举行的"第 17 次中欧峰会"期间，中欧共同倡议设立联合资助机制（CFM）。根据这一机制的规定，自 2016 年起，中国科技部将为中方机构参与"地平线 2020"计划科研创新项目及科研人员的交流提供资金支持。在 2016—2020 年期间，中欧分别筹集了 15 亿欧元和 5 亿欧元用于联合资助计划。从此，中方作为主持人的欧盟研发框架科研项目统一在科技部网站上提交申请，中方科研人员主持的项目比例也会大幅度提高。

联合资助机制使中欧双方的科技合作管理向协作管理模式转变。在此模式中，中方科技部和欧方研发创新总司通过中国国家科技管理信息系统和欧盟科研信息网统一管理申报项目，对中欧科技合作进行强有力的协调。新的管理模式有效地整合了中欧科技合作的现有资源，改变了以往合作的零散状态，使双方合作向高效和平等的方向发展。

3.1.2 科研合作

中欧在研发框架计划下的合作成果值得关注。自 1998 年起，欧盟的研发框架计划正式对中国全面开放。中国与欧盟在研发框架计划中的合作一直是中欧科技合作的主渠道。1998 年正值欧盟第四个研发框架计划执行期。在第六个研发框架计划中，我国参与了 239 个项目，获得欧盟研究经费约 3519 万欧元，占第三国（非欧盟国家）获得欧盟项目经费总数的 10.88%，仅次于俄罗斯排在第二位；在第七个框架计划中，我国共参与了 410 个项目。目前，中国是欧盟"地平线 2020"计划最大的合作伙伴，重点合作领域包括食品、农业与生物、能源、水、信息通信、纳米、太空和极地研究等，包括中国科技大学、清华大学、北京大学、上海交通大学在内的多所高校都参与了"地平线 2020"计划。

中欧创新合作迎来发展新机遇。在 2017 年 6 月 2 日举行的第三次中欧创新合作对话举行的期间，中欧达成了《中国科技部和欧洲委员会关于依托联合资助机制实施 2018—2020 年度中欧研究创新旗舰合作计划和其他类研究创新合作项目的协议》，为后续中欧双方开展政府间科研创新合作提供了明确指导和依据。

2017 年 10 月底，欧盟委员会正式公布了欧盟"地平线 2020"计划（2014—2020）最后三年（2018—2020）的创新研发资金分配方案。根据该方案，在 2018—2020 年期间，欧盟投入"地平线 2020"计划的资金总额将高达 300 亿欧元，其中 27 亿欧元用以启动欧盟新的科研管理机构——欧洲创新理事会。

上述方案一经公布，便以资金规模大且聚焦具有重大突破性、社会性和市场驱动性的前沿科学研究，引起外界广泛关注。新一轮项目的合作方式具有如下三大新特点：①欧盟在研发领域的资助将更加集中，以改变过去覆盖面广、资助项目多、近乎"撒胡椒面"式的资助方式；②重点支持具有技术突破性和市场驱动性的创新研究，寻求技术突破点与市场驱动性之间的联动和均衡发展；③调整和改革欧洲研究理事会制度，建立并启动欧洲创新理事会。项目资助方式、重点突破领域以及科技创新治理方式均有所调整和改变，这为中欧开展更有成效的创新合作提供了新的机遇。

需要注意的是，"地平线 2020"计划以对等开放、双向合作、资金分摊和共同承担作为中欧合作研究项目的新规则和新趋势，在研究重点、资金要求、科研成果的知识产权归属上均提出了更高的要求，这对中国学者参与研发项目提出了较大的挑战。

在 2018—2020 年期间，欧委会重点资助的创新研发领域包括低碳、适应气候变化、循环经济、欧洲工业和服务业数字化及转型、欧盟安全和移民问题。此外，与清洁能源相关的四大领域：可再生能源、能效建筑、电动运输和储存方案等方面也有相应的研发投入。根据未来三年的研发资助重点，我国可在研发低碳、绿色发展技术等方面与欧盟开展联合攻关，为我国在绿色发展、低碳增长等方面提供新技术、新方案和新实践。加强中国与欧盟在低碳化、数字化和清洁能源技术等方面的研发合作，将有利于中欧共同为人类开创低碳绿色发展的新时代做出贡献。

案例1　中英两国共同发布《中英科技创新合作战略》

近年来，中英两国在科技创新领域的合作一直保持着稳定的发展。中英两国在科技创新领域有着40多年的合作历史，涉及工程制造、人工智能、生物医药、新能源等多个方面。1978年，英国成为最早与中国签署政府间科技合作协议的西方国家之一。1998年，中英修订科技合作协定，将高技术领域列为重点合作项目。2007年，两国启动了中英创新计划（ICUK），推动中英大学间科技成果商业化研究。2013年，两国签署了中英研究创新合作谅解备忘录。2015年，中英建立创新合作伙伴关系。2017年，两国联合发布了《中英科技创新合作战略》成为中国与西方国家联合制订的第一个科技创新合作战略，也是中国与他国共同发布的第一个科技创新合作战略。

中英已经形成机制完善、主体多元、形式多样的科技及创新合作局面，建有科技创新合作联委会机制，设立了研究与创新合作伙伴基金，并在该框架下支持了240个中英机构开展了460多个合作项目。双方提出通过"完善双边合作机制、实施旗舰挑战合作计划、设立创新平台"等措施，支持从研究到成果产业化的全链条合作，推进中英面向21世纪的全球全面战略伙伴关系建设。这一战略也标志着中英科技创新合作将开辟一个新时代。

案例2 中国和瑞士共同开创东西方创新合作的新典范

2016年4月，中国和瑞士正式签署了"创新战略合作伙伴关系"协议。中国目前已与全球80多个国家和地区建立了战略合作伙伴关系，其中瑞士是唯一一个"创新战略合作伙伴关系"国家，也是中国首个以五大发展理念"创新、协调、绿色、开放、共享"定位和命名的外交关系国。

瑞士是最早承认并与新中国建交的西方国家之一，也是最早承认中国完全市场经济地位的欧洲国家之一。瑞士被认为是世界上最具创新力的国家之一，连续多年稳居"全球创新指数"榜首，拥有先进的教育体系、世界一流的科研机构和稳定的企业资金投入等，在高端工业制造、生态、环保等领域拥有一批世界知名企业和先进技术。

中瑞两国签订了一系列的科研合作协议，其中包括1989年2月24日签署的科技领域合作协议。中国科技部同瑞士联邦内政部于2003年11月21就进一步加强科技领域合作签署备忘录，双方于2006年10月27日就2008至2011年间的合作研究项目发表联合声明，并由中国国家自然科学基金会和瑞士国家科学基金会签署合作协议。此外，两国还于2011年4月25日和2012年3月21日签署了联合声明。2015年6月23日，瑞士大学联盟与中国应用科技大学联盟签署了合作与信息交流备忘录。

近年来，中瑞发展创新战略伙伴关系取得了多项合作成果。两国政府携手建立了创新平台，推动各项框架制度化，两国间的机构对话和协商不断拓宽；两国企业、高校和科研机构创新合作水平不断提高，实现双方在资源要素、产业优势和消费需求等方面的优势互补。

同时，中瑞两国还积极推动在海关、能源、智能制造、科技等领域进行全方位合作，进一步提升了各领域务实合作水平。2018年7月，主题为"数字化"的首届瑞士创新周在北京举行。其间，来自瑞士的多家科研机构和公司等在创新周期间举办了30多场活动。

3.1.3 工程合作

围绕低碳发展、适应气候变化、清洁能源（如可再生能源、能效建筑、电动运输和储存方案等）、循环经济、欧洲工业和服务业数字化及转型等重点领域，中欧双方通过搭建创新平台、推进重点项目落地、举办交流活动、加强人才合作交流等方式不断深化创新合作，使得中欧科技合作取得了丰硕成果，特别是2013年"一带一路"倡议的提出有力推动了中欧科技工程合作。

（1）低碳交通领域

低碳、绿色发展技术是中欧双方的重点合作领域。尤其是在清洁能源交通方面，中欧合作成果尤其突出。其中，凭借先进的技术实力，中国制造的电动大巴正加速进入欧洲市场。近年来，中国制造的电动大巴在欧洲公共汽车和旅游车市场份额稳步上升，成为全球电动客车的领导者之一。截至 2020 年初，中国电动大巴足迹已遍布欧洲 20 多国、超过 100 个城市，销量近 2000 辆。

2013 年，作为全欧洲第一个纯电动大巴订单，荷兰西斯蒙尼克岛将岛上所有大巴全部替换为比亚迪纯电动大巴。2019 年 9 月，欧洲第一条纯电动城间车线路在法国普罗旺斯地区艾克斯正式启动，这条欧洲首创的纯电动城间车线路上的所有车辆都来自宇通。在英国，已有超过 400 辆比亚迪各型号电动大巴，累计运营里程超过 500 万公里，占英国纯电动大巴市场约 60% 的份额，其中在伦敦市场占有率超 80%，位居第一。

与此同时，2017 年 4 月，比亚迪在欧洲兴建的第一座电动大巴工厂在匈牙利和斯洛伐克边境的科马罗姆投产。这是中国企业在欧洲投资兴建的第一座电动车工厂，为科马罗姆带来 300 多个就业岗位。

中国企业在匈牙利、法国、英国、瑞典、意大利等欧洲多个国家以各种方式实现与当地合作伙伴、零部件供应商、学校的本地化合作，为当地创造了大量就业与合作机会。比亚迪等企业不仅向欧洲输出高品质产品，还积极参与多个国家和地区的新能源车标准制定，并在欧洲拥有本地化产品研发和设计团队。随着欧洲国家碳排放控制进程的加快，中国纯电动车在欧洲正迎来新的机遇。

此外，2019 年 6 月，中国中车唐山公司意大利现代轨道交通技术联合研发中心在意大利工业名城——"世界设计之都"都灵正式挂牌。该研发中心不仅将成为中国中车科技创新海外研发的公共服务平台，也将作为全球技术合作平台，为意大利乃至其他欧洲国家提供技术服务，推进和加强中意两国在交通领域的技术合作与创新。近年来，中意双方持续加强创新政策对话，在联合实验室、大型研究设施方面开展互利合作，不断加强两国科研人员、高端人才及初创企业间的交流合作。

（2）智能制造领域

中欧双方积极合作发展数字经济和未来产业，大力推进智能制造领域的全面创新。2018年10月，瑞士工业巨头、全球电力和自动化技术领域领先企业ABB集团宣布，在上海投资1.5亿美元新建机器人工厂，实现"用机器人制造机器人"。同年11月，投资3亿美元建设的ABB厦门工业中心正式启用。

2020年6月，山东莱芜高新区与欧洲最大软件公司思爱普签约，思爱普智能制造创新赋能产业园项目落地。该项目计划投资2亿元，旨在成立数字化创新赋能中心、数字化产业和服务平台、双招双引平台及数字化人才平台。同年7月，乌鲁木齐市人民政府与西门子工业软件（上海）有限公司签署合作协议，共建中欧数字化工业新基建创新基地。这一创新基地将依托西门子在智能制造、工业互联网等领域的资源，打造面向智能制造、新能源、工业互联网等领域的技术创新、智造服务、人才培育与创新加速等平台。

2020年7月10日，在中国科技部国际合作司指导下，由中国科学技术交流中心和瑞士初创企业孵化机构联合主办的中国—瑞士科技创新精准合作"云对接"活动在武汉举办，24个中外科技项目进行了线上路演，重点围绕医疗与生物技术，数字技术，新材料、清洁技术与健康领域解决方案三个领域展开技术对接。

（3）清洁能源领域

中欧在核电和高铁领域取得了突破性进展。2016 年 9 月，中国广核集团与法国电力集团（EDF）在伦敦正式签署了英国新建核电项目的全面合作协议，并与英国政府同步签署了欣克利角 C（HPC）核电项目收入及投资保障等政府性协议，完成了相关公司的股权交割，这意味着欣克利角 C 项目已经完成了所有必需的审批和商务流程，将实质性地启动。欣克利角 C 核电项目是英国 20 年以来首个新建核电站，由中法两国企业共同投资建设，将使英法两国核电工业共同受益。中广核与法国电力集团也将共同在英国投资建设后续的塞斯维尔 C 以及布拉德维尔 B 核电项目，且布拉德维尔 B 核电项目将采用中国自主三代核电技术"华龙一号"，成为第三方市场合作提出以来的首个成功案例。

（4）农业和生物技术合作

农业领域的合作也取得了显著成效，2011 年成立的中欧农业工作小组成为《中欧科技合作协议》下辖的第一个单领域工作小组。2013 年中欧峰会期间签署的《中国农科院与欧委会关于粮食、农业和生物技术研究与创新合作意向书》已经"创造"了近 20 个联合项目，从欧洲方面获得的资金总额超过 1.2 亿欧元，项目涉及从土地管理到动物生产、健康和资源问题以及高效食品和饮料等多个领域。

健康，环境（包括气候变化），食品、农业、渔业和生物技术是双方的重要合作领域，进行中的"地平线 2020 计划"中，食品安全、可持续发展和生物经济、气候变化依然被列为重点合作领域。国家层面的中欧科技合作指导委员会被赋予了较高的沟通协调功能，在生物技术领域的合作工作组共同搭建了完整的科技合作平台，从项目合作、人员交流和培训、研讨班等多个角度，有力地推动了合作的深度发展。

其中，荷兰在农业和食品行业拥有约5300家本土和外国公司，其中包括12家世界最大的农业食品公司如嘉吉、卡夫亨氏和玛氏等，大都倚赖荷兰的农业科技。荷兰瓦格宁根大学是欧洲乃至全世界农业方向最顶尖的研究型大学之一。伊利看中荷兰的学研优势，于2014年2月与瓦格宁根大学合作成立了欧洲研发中心，并于2018年将其升级为伊利欧洲创新中心，进一步掌握欧洲和全球乳业和食品技术的发展趋势，促进企业针对国内和欧洲市场的产品研发。

食品、农业和生物技术是中欧科研合作最为成功的领域之一。作为世界上两个最大的食品生产区，中欧正联手维护粮食安全与保障、推广健康饮食习惯、保证动物健康以及推动农业可持续性发展。

**案例1　中国交建与德国GUAFF公司合作建设
莫桑比克马普托大桥及连接线项目**

马普托大桥及连接线项目为莫桑比克首都马普托向南至南非边境口岸的干线公路，全长187千米，该项目于2014年6月开工，2018年11月完成主体工程移交并举行通车仪式。项目是非洲第一大悬索桥，由中国交建下属的中国路桥公司采用EPC模式建造，同时聘请德国GUAFF公司作为监理咨询单位，参与马普托大桥项目的设计咨询、施工监督及质量安全控制工作。

马普托大桥作为马普托以南地区通往南非边境的重要干线通道，建成后使原本两到三个小时的渡海时间缩短至约十分钟，显著提高了莫桑比克公路网络化水平，促进了当地货运交通、生态旅游等

行业发展。该项目累计为莫桑比克创造了超过 2500 个就业岗位,有效改善了当地的就业状况。此外,项目在实施过程中注重促进居民福祉。大桥北接线穿过城市贫民区,居民长期被用水用电、卫生条件差等问题困扰。中国路桥与项目业主携手为当地居民通水通电,集中处理生活垃圾,并修建了医院、学校、足球场等公共设施,着力建设优质移民社区,获得当地人民的高度认可。

资料来源:中国交通建设集团有限公司

案例 2 东方电气与意大利企业合作建设埃塞俄比亚吉布三水电站项目

随着埃塞俄比亚经济社会的发展,电网建设和改造升级市场需求上升,埃塞俄比亚电力公司希望进一步开发可再生能源。吉布三水电站项目位于埃塞俄比亚南方州奥莫河,为梯级开发的第三级电站,总装机容量 187 万千瓦,包括 10 台单容量为 18.7 万千瓦的混流式水轮发电机组,为目前非已建成运行的最大容量水电站。吉布三水电站项目是东方电气与意大利企业共同预承建的第三方市场项目。其中,东方电气承担设备成套供货与服务项目,工作范围包括 10 台混流式水轮发电机组及其全部附属设备和所有金属结构设备的设计、制造、运输、安装和调试等;意大利 Salini-Impregilo 公司承担项目土建工作。

2015 年 10 月,吉布三水电站项目首台机组正式并网发电,2016 年 8 月底,最后一台机组投运。吉布三水电站项目的建成投产使埃塞俄比亚全国发电装机容量翻倍，达到 424.5 万千瓦，其中吉布三水电站单个项目占比 44%。截至 2018 年底，吉布三水电站已累计发电约 150 亿度，不仅有效缓解了当地电力极度短缺的情况，促进了当地经济发展和民生改善，同时为埃塞俄比亚提供了大量可供出口的电力，使其获得可观的外汇收入。项目建设期间，中方对大量工程师进行了实地培训，为当地紧缺电力人才的培养作出了重要贡献。

资料来源：中国东方电气集国有限会司

案例 3 中国银行与国际金融公司 (IFC) 合作支持
加纳特马港扩建项目

加纳特马港是目前西非最大的人造商用海港之一。近年来，加纳经济迅速发展，集装箱运输体量不断扩大，特马港输能力已接近上限，新建 3 号码头和完善港机设备的需求十分迫切。为此，加纳启动了特马港扩建项目，项目完成后，特马港 3 号码头将升级为最大吃水 16.9 米、最大年吞吐量达 350 万标准箱的集装箱码头。项目公司将向金融机构融资 6.7 亿美元。在该项目中，中国银行通过 A/B Loan 模式 (实质为银团贷款) 与国际金融公司开展项目融资合作，由国际金融公司作为牵头行为项目筹组银团贷款并提供 2 亿美元 A Loan 贷款，中国银行作为联合牵头行之一，协助国际金融公司筹组 B Loan 贷款并与其他中外方金融机构共提供 4.7 亿美元贷款。

　　对项目股东而言,这种直接高效的融资方式减轻了其担保压力,降低了项目融资成本。对国际金融公司而言,引入中资银行开展第三方市场合作为银团筹组工作的顺利完成提供了有力支撑。对加纳而言,金融机构间第三方市场合作为项目提供了充足的建设资金。

资料来源:中国银行

3.1.4　产业园区合作

　　产业园区是中欧国际产能合作创新发展的重要载体,促进了中欧科技与产业的高效对接,将我国优势产能与欧洲发达国家的关键技术相结合,推动了创新资源的空间集聚。目前,我国已与英国、法国、德国、以色列、捷克等多个欧洲国家共同建立了产业园区,积极推进企业、产业、行业"走出去"与"引进来"的双向合作模式,推动创新集群和产业园区的国际化发展。

　　(1)中国—德国产业园区

　　我国与德国合作建立了多家科技产业园区。中德(沈阳)高端装备制造产业园建设方案于2015年12月由国务院正式批复,成为全国首个以中德高端装备制造产业合作为主题的战略性平台。该园区被评为"中德企业合作基地""中德智能制造合作试点示范园区""国家国际科技合作基地",旨在加强"中国制造2025"与"德国工业4.0"战略的高效对接。

　　目前,该园区已进驻宝马、采埃孚、普利司通等世界500强企业57家,本特勒、慕贝尔、安川电机等外资企业475家,现有特变电工、三生制药、沈鼓集团等规模以上工业企业 329 家，沈阳机床、北方重工、三一重装等各类企业 3000 余家。其他项目包括德国库卡机器人应用研发示范中心、德国纽卡特工业机器人行星减速机项目、德国西门子电控及信号系统、瓦格纳地铁细水雾消防灭火系统、捷克达克轨道车辆制动器、德国 EWS 集团数控机床刀具制造、华晨宝马铁西工厂三期和发动机工厂、宝马研发中心二期、"德国中小企业产品展览展示中心"、中德企业创新中心、德国 DB 物流等。

为推动首都经济的高质量发展，北京市顺义区正在规划建设北京国际合作产业园中德园区，规划总面积约 20 平方公里，对标德国三大具有世界性竞争力支柱产业，重点发展新能源智能汽车、航空航天和智能装备等产业。

中德园区依托中关村顺义园、临空经济示范区、赵全营镇北京奔驰新能源汽车、宝马研发中心、德国威乐水泵、卡尔克鲁斯机器人等德国知名企业的基础，将构建"起步区""配套服务区""拓展区"和科教产学研平台的空间格局。产业方面，对标德国三大具有世界性竞争力支柱产业，即汽车和汽车配件工业、电子电气工业和机械设备制造工业，围绕北京市十大高精尖产业，重点在新能源智能汽车、航空航天、智能装备等产业体系，广泛开展知识产权保护、标准制定、系统管理和人才培养等多领域的合作。

（2）中国—以色列产业园区

以色列的科技创新素有盛名，国内名为中以创新园的产业园区有 40 个左右。2017 年是中国和以色列建交 25 周年，两国将聚焦创新合作，打造绿色快捷通道，深化基础科学、现代农业、清洁能源、生物医药等领域的合作。

中国—以色列科技孵化产业园区项目合作协议于 2017 年签署，由青岛高新区政府、以色列德墨忒尔 AWE 控股公司、中国数码港科技有限公司、青岛高科通信股份有限公司共同建设，计划总投资额 100 亿元人民币。该园区拟从以色列引进包括新能源、新材料、计算机技术、物联网、机器人、智能交通、生物工程、无人机以及农业、远洋业等在内的科技孵化项目，成立中以联合管理团队，每年从以色列引进 200 家企业，并培育 30 家以上新三板上市企业。

园区规划建设以色列高新技术学术论坛中心及以色列科技成果展示中心，设立高科技成果转化技术中心和重点实验室、技术研究院、中试基地等。园区将定期举办学术论坛会议和国际科技项目路演，召开产品发布会，展示最新的科技创新成果，并为孵化企业提供全方位的支持和咨询的服务中心，解决企业在科技创新中的问题，并同时提供法律、市场、商务等配套服务。

园区将探索建立中以双向联合实验室，启动中以产业创新联合支持计划，建设中以海洋经济、智能制造、生物技术、农业科技等领域的研发平台。此外，园区还将研究成立中以创新发展基金，在产业专项资金、贷款及融资、税收优惠、人力资源、知识产权保护等方面制定具体政策。

中以（上海）创新园，瞄准科技前沿和产业高端，聚焦集成电路、人工智能、生物医药、航空航天、新材料、智能制造等六大关键领域核心环节，全力打造产业发展新高地。2018 年 10 月，中国国家副主席王岐山和以色列总理内塔尼亚胡签署的《中以创新合作行动计划（2018—2021）》中，提出在上海建设中以创新园，2019 年 9 月，上海创新中心（以色列）特拉维夫办公室揭牌。目前，园区已完成一期约 2 万平方米载体建设，30 余家创新企业、机构已入驻。

通过中以创新技术研发与交流、创新成果转化与交易、创新产业培育与孵化等工作，在园区集聚形成一批专业化、多元化的技术转移机构和熟悉国际业务规则的科技创新主体，推动一批科技创新成果落地。

（3）中国—欧洲合作创新中心

中国—欧洲合作创新中心（Business & Innovation Centre for China-Europe Cooperation）于 2017 年 5 月 10 日在成都高新区 Icon 云端正式启动，由欧盟驻华使团、中华人民共和国商务部、科技部和成都市共同启动运营。该中心于 2013 年 4 月启动建设，地处成都市经济外向度最高、城市形态最现代的成都高新区内，交通条件便利，总建筑面积约 21 万平方米，总投资约 30 亿元。中心坐落在由芬兰萨米宁建筑师事务所设计的高达 192 米的"人"字形北欧风情塔楼，成为成都的城市新地标。

中心采用 6+N 功能布局，内设欧洲商品贸易展示交易中心、中欧技术交易中心、欧洲中小企业（双创）孵化中心、欧洲企业总部基地中心、欧洲国家经济发展促进机构办事中心和一站式综合服务平台 6 大功能区，以及剧院、国际艺术展览、欧洽会永久会场、中欧企业家联合会、国际酒店等综合配套服务区，致力于打造成为中国西部与欧洲进行贸易、投资和技术合作的综合性服务平台。

截至目前，中心已有法国蒙彼利埃大区、波兰罗兹省、德国北威州等 16 家境外官方机构入驻。英国纬图亚太总部、挪威 Opera 中国区总部、法国 Sigfox 物联网公司、亚马逊 AWS 联合创新中心、德国签证中心、成都以色列科技创新中心等 10 余家外资总部企业及创新平台也已落户该中心。中心还引进了成都"一带一路"国际商事法律服务平台、贸仲委"一会三中心"、成都市对外开放展示中心等 5 家配套平台型项目。

中国—比利时科技中心项目于 2016 年 6 月正式启动，耗资 2 亿欧元，是中国首家走出国门的科技企业孵化器。该中心致力于搭建中欧高技术行业双向绿色通道，为双方在技术转移、战略投资、行业合作及市场准入等方面提供平台和支持，旨在打造中国高科技企业集群式"走出去"的样板基地和欧洲本土创新企业进入中国市场的快速通道。

中心将容纳中国和比利时十多家高科技企业的实验室和办公室，入驻该中心的有制药、太阳能、癌症治疗和医用 3D 打印等领域的企业。项目首期将建成 3 幢多功能写字楼，享有达 33370 平方米办公及会议空间、1247 平方米商业区和 7180 平方米停车场。项目设计注重节能、追求科技与环境的融合。中心园区拟迎接 200 余家中欧企业前来投资兴业，目前已进驻 30 余家，其中在建的"智慧谷"工程将提供包括联合办公空间、孵化器、研发中心、总部基地等各类产品，满足从创业团队、中小企业到行业龙头企业、园区运营商等的差异化创新需求。中心园区毗邻比利时首都布鲁塞尔，依托新鲁汶大学及大学科技园区，享有优质的教育科研环境。催化新鲁汶大学—中国大学—科创企业"铁三角"合作伙伴关系的结成，推动科研成果转化，驱动科学技术转让。

3.2　中非科技合作现有模式与机制

早在 20 世纪 70 年代，中非就已建立起了官方科技合作关系。2009 年 11 月，"中非科技伙伴计划"启动，开辟了中国与非洲国家建立新型科技伙伴关系，协助非洲国家开展科技能力建设，增强非洲国家科技自生能力的新局面。目前在与我国建立外交关系的50多个非洲国家中，已有14个国家与我国签署了双边科技合作协定，政府间科技合作联委会机制也在许多国家建立。在中非合作论坛框架下，中非科技创新合作发展迅速，不仅拓展了中非合作的范围，也丰富了中非合作的内涵，正在成为中非关系发展新的增长点。

近年来，在"一带一路"倡议指引下，中非科技合作研究愈发蓬勃发展，中非科技合作与交流新机制正不断建立。在日益紧密的中非科技合作中，双方在共同关注的农业、生物、医药卫生、资源环境、新能源、信息通信、新材料、卫星遥感等领域开展了较为深入的合作与交流。

3.2.1 科研合作

中非双方推进实施"一带一路"科技创新行动计划、"中非科技伙伴计划 2.0"和"非洲科技和创新战略"，加强科技和人文交流合作。中方欢迎非方科技人员积极参与"先进适用技术与科技管理培训班""国际杰出青年科学家交流计划"以及"藤蔓计划（国际青年创新创业计划）"，并开展"非洲青年科技人员创新中国行"活动。

其中，"中非联合研究中心"是双方科研合作的亮点。2013年中国科学院中非联合研究中心在肯尼亚正式成立，这是中国政府在海外援建的第一个大型综合性科教机构，开创了我国对非援助和国际科技合作的新模式。中国科学院面向非洲各国可持续发展的挑战，精准聚焦粮食安全、水安全、生态环境保护、野生生物保护、公共健康等重大共性需求，将基础研究、先进技术研发、应用示范和科技人才培养有机结合，为中非科技创新合作树立了典范。

截至 2018 年，该中心与肯尼亚等 10 多个非洲国家近 20 所大学和科研机构开展了实质性合作，支持中非双方合作实施了 45 个合作科研项目，联合出版学术著作 6 部，合作发表研究论文 160 余篇。该中心已成为中非在科研领域开展合作和人才培养的重要平台。除非方科研人员外，中国科学院 17 个研究机构每年派 50 多名科学家到非洲进行合作研究。中心开展对非科技人才专业技术培训 16 次，为非方培训专业技术人员 180 余名，遍布非洲 10 多个国家。中国科学院大学奖学金计划和中国科学院—第三世界科学院院长奖学金计划等，累计招收了 210 名非洲留学生。

3.2.2 工程合作

中国对非洲的投资稳步增长，中国连续多年成为非洲的第一大贸易伙伴国。中国企业已基本覆盖非洲 53 个国家和 6 个地区。中国企业持续加强与非洲国家的互利合作，足迹遍布非洲各个角落，合作领域覆盖油气、电源、电网、基础设施等多个领域，并成为中国参加非洲建设的主力企业。

在清洁能源电力领域，"一带一路"倡议带动了越来越多的项目合作。中方承建的发电装机项目提高了非洲电力容量结构的多样性，加速了地区可再生能源的发展。在水电领域，依托雄厚的水电建设实力，中国企业承建了非洲多个重点水电工程，是非洲水电工程当之无愧的建设主力军。在风电领域，埃塞俄比亚阿达玛风电项目是埃塞俄比亚乃至东非地区最早并网发电的现代化风电工程。在太阳能领域，摩洛哥努奥二期和三期太阳能聚热电站项目建成后将成为世界上规模最大的太阳能聚热电站。在其他可再生能源领域，中国承建的埃塞俄比亚生物质能和垃圾发电项目在该地区独一无二。

2018年9月，中国电建与埃及电力部签署了阿塔卡抽水蓄能电站项目的框架性合作文件。随着埃及核电及新能源项目的推进，阿塔卡抽水蓄能电站已成为塞西总统及电力部最重视和最优先的项目。此外，东方电气在京签署了埃及汉纳维6×1100MW清洁煤燃烧项目的总承包合同。该项目的电站主机由东方电气和上海电气制造且拥有自主知识产权，将采用世界最为先进的高效超超临界发电技术和近零排放环保技术，建成以后将是全球最大的清洁燃煤电站。这是中国企业首次将拥有自主知识产权的当今最高参数等级超超临界清洁燃煤技术推向世界。

在智慧城市交通领域的科技工程合作包括华为参与搭建的肯尼亚Konza科技城项目。该项目位于内罗毕以南64公里处，通往蒙巴萨的路上，占地面积2000公顷，估计项目总耗资1.2万亿肯尼亚先令（约145亿美元）。该项目以美国硅谷为蓝本，因此被称为"非洲硅谷"。2013年，该科技城项目正式启动。Konza科技城为肯经济特区一部分，旨在将肯建成东非地区信息通信技术中心。该项目一期计划投资260亿肯先令（约3亿美元），已于2015年完成主要基础设施建设。2019年第二届"一带一路"国际合作高峰论坛期间，华为与肯尼亚签署智慧城市项目，该项目即将落址于肯尼亚Konza科技城。

2020年，中国电建市政与上海市政总院组成联营体，与肯尼亚内罗毕大都市区交通管理局签署了肯尼亚锡卡高速走廊快速公交（BRT）设计施工项目。该项目为肯尼亚政府第一条公开招标的快速公交系统工程，合同额约5000万美元，合同模式为设计、施工总承包。项目位于肯尼亚首都内罗毕，内容包括快速公交车道、车站以及其他附属设施的设计和建设。线路总长度约27公里，专用道长度20.18公里，全线共设中途站13组25个，包括改建天桥 10 个、建设停保场 2 个以及首末站及相关配套设施。

3.2.3 产业园区合作

《非洲黄皮书：非洲发展报告（2018—2019）》指出，中国企业在非洲投入运营的产业园超过 30 个，建设中的产业园 70 多个，几乎遍布了与中国建交的所有非洲国家。

中国在非洲建设产业园起始于 2000 年前后，经历了三个阶段的跨越式发展，从中非共同建设工业园逐步发展到共建开发区和经济特区，合作层级不断提升。中非共建产业园最初是由贸易企业创造的新型合作模式。2000 年前后，随着"走出去"战略的推行，中国在非经营企业不断增加，一些企业开始就地建设工业园区，并陆续吸纳中国企业入驻。

2006 年，中非合作论坛北京峰会召开，宣布在 2007—2009 年期间支持中国企业在非洲国家建立 3～5 个境外经济贸易合作区。在相关政策的推动下，已有的 7 个产业园入选中国商务部境外经贸合作区项目，其中一些还成为所在国的重点产业项目。例如，江苏民营企业永元集团投资建设的埃塞俄比亚东方工业园于 2007 年 11 月正式中标中国商务部境外经贸合作区，2015 年 4 月成为中国财政部和商务部确认的境外经贸合作区，埃塞俄比亚政府将该工业园作为国家"持续性发展及脱贫计划"的一部分。

2015 年底，中国港湾工程有限责任公司与科特迪瓦政府正式签署协议，共同建设首都经济圈的高科技工业园区。同样在 2015 年底，中地海外集团开工建设塞内加尔综合工业园区，吸引重庆、四川、广东、河南等生产企业参与投资建厂。2016 年，中国路桥工程有限责任公司与刚果（布）签署了黑角港项目，建设物流中心、制造业中心、航空中心以及能力建设中心。

2017 年，北汽集团在南非的库哈投资 8 亿美元兴建工业园。

2018 年中非论坛北京峰会宣布了中非合作的八大行动，提出实施产业促进行动，"中方将加强对非洲加工制造业、经济特区、产业园区等产业发展的支持力度，支持中国民营企业在非洲建设工业园区。""中方将在非洲新建和升级一批经贸合作区，推动中国企业未来 3 年对非洲投资不少于 100 亿美元。"

在各项政策利好条件的带动下，工业制造园区、物流园区、临港经济园区、高技术园区等各类产业园区陆续启动，丰富了中非共建产业园的形式，提升了产业园的合作规模和层级。2018 年初，中资企业参与的黑角工业园区升级为中刚国家级合作项目的经济特区。2018 年 7 月，中建材赞比亚工业园举行了竣工投产仪式。同年 11 月，中车集团在南非成立了联合研发中心。2018 年底，中交集团承建的埃塞俄比亚季马工业园竣工，吸引了纺织、服装等企业入驻。

3.3　中欧非三方科技合作的问题凝练

近年来，国际形势发生了"百年未有之大变局"，我国创新发展的内外部环境发生了深刻复杂的变化。在这样的背景下，中欧非关系日益紧密，中欧科技创新合作日趋多元化和前瞻化，而中欧非第三方市场科技合作也有效开展，取得了良好开端。但与此同时，我们也必须认识到，中欧非第三方市场科技合作作为创新合作的新业态，仍处于起步阶段，面临以下问题。

3.3.1 中欧非区域差异巨大，第三方市场创新合作困难较大

中欧非科创资源、经济产业和地理基础存在巨大差异，虽然在基础科学、科研平台等领域开展了多方合作，但距离真正的第三方市场科技创新合作仍存在较大的差距。目前在中欧科技方面，中国同德、法、意、荷、英等欧洲发达国家展开了广泛的科技合作，并与中东欧"17+1"国家开展了一定程度的科技合作，同时与非洲在农业、疾控、城镇化等领域开展了援助等多种形式的合作。整体上，开展充分吸纳中欧非三方乃至多方的开放包容第三方市场科技创新国际合作新模式仍有待于进一步推进。

3.3.2 中欧非双边科技合作为主，G2G 引领科创研发项目

中欧、中非、欧非双边科技创新合作的合作形式多样。例如，中欧科技合作与交流中，共同研究项目、联合培训班、技术研讨会、学者交流、技术示范工程项目和联合技术中心等形式已实现常态化稳定运行。"地平线 2020"为代表的中欧共同研究项目，有力地推动了共性科研技术问题的深入研究与开发。在研究领域资助方面，覆盖面广、资助项目多、近乎"撒胡椒面"式的资助方式仍然是共同研究项目的共性问题。而在中非双边合作科技方面，中国对非医药卫生的援助与合作、非洲农业发展和农业生产、非洲资源环境的可持续开发利用等领域为中非科技合作的重点，且鉴于非洲整体的科技实力有限，中方的援助与合作处于主导地位。

3.3.3 科学研究合作为主，产创融合不足

在当前的中欧科技合作中，大学和科研机构是科技合作的主体，企业引领的产业链和创新链融合度不高。中欧非第三方市场的主体未来应进一

步拓展，体现出第三方市场合作的开放包容和多元共赢的核心理念。合作主体方面，不仅应包括政府、科研机构等科创主体，更要包括多元的市场主体，既要有国有企业，也要有民营企业和合资企业；既要有中国企业、发达国家跨国企业，也要有项目所在国的本地企业和国际金融机构等。通过多元主体的参与，重点支持具有技术突破性和市场驱动性的创新研究，寻求科创突破点与市场驱动性之间的联动和均衡发展。

4 全球可借鉴的三方市场科技合作模式探索

4.1 第三方市场科技合作进展

在第三方市场合作方面，我国与全球多个国家实现了良好开局，与法国、德国、英国、比利时、葡萄牙、阿联酋、日本、韩国等达成第三方市场合作的共识，聚焦基础设施、能源、环保和金融等优势互补领域，开展了机制化的合作，并在一系列重大项目上取得了务实成果。

事实上，越来越多的各国企业已经开始瞄准第三方市场合作，寻求商机。近年来，日本与 12 个新兴国家签订了三方合作协议，这些国家包括阿根廷、巴西、智利、埃及、印度尼西亚、约旦、墨西哥、摩洛哥、菲律宾、新加坡、泰国和突尼斯等，德国则与巴西、智利和南非等国家签订了三方合作协议。根据 OECD 在 2009 年做的一项调查，当时 OECD-DAC（经合组织国家发展援助委员会）成员国中有 15 个国家已经开展了三方合作，合作领域覆盖了农业、渔业、教育、林业、治理、健康、工业等不同领域，三方合作开始兴起。

到 2014 年，至少有 17 个非 OECD-DAC 成员国向其报告了援助规模和投向等相关的数据，包括泰国、土耳其、俄罗斯、沙特等，巴西、南非等国也非常积极地与北方国家开展三方合作，巴西不仅与日本开展三方合作，还与瑞典、丹麦签订了三方合作的备忘录。根据 OECD 的统计，亚洲的柬埔寨、印度、印度尼西亚、马来西亚、菲律宾、新加坡、斯里兰卡、泰国和越南，拉丁美洲的阿根廷、巴西、智利、哥伦比亚、哥斯达黎加、古巴、墨西哥、秘鲁以及非洲的埃及、肯尼亚、摩洛哥、突尼斯和南非等都参与了三方合作。其中南非和巴西表现较为积极，他们将参加三方合作作为提升本国在各自所在区域的影响力的重要途径。其中，农业科技领域的第三方市场合作提供了可供借鉴的国际模式经验。

案例 1 日本和其他国家的三方合作

日本近年来与多国签署了三方合作伙伴计划，并由日本国际协力机构（JICA）具体实施。合作伙伴计划是一个战略和综合框架，在此基础上，JICA 与合作国家的相关机构一起联合实施针对受援国的技术合作行动。合作国与受援国一般拥有相似或共同的语言、历史、文化和发展进程，以更有效地提供援助。同时，JICA 与其伙伴组织分享在援助管理方面的知识和经验。在非洲地区，分别与埃及、约旦和摩洛哥等国合作开展了"非洲水稻种植技术""水资源和农业领域人力资源发展""海产品加工"等项目。

案例2　巴西和其他国家的三方合作

巴西与8个发达国家（日本、德国、美国、意大利、法国、西班牙、爱尔兰和澳大利亚）建立了伙伴关系，协助实施在发展中国家的联合行动。与这些发达国家共同在拉丁美洲、加勒比地区和非洲的发展中国家开展了31个三方合作项目，这些国家包括安哥拉、玻利维亚、喀麦隆、哥斯达黎加、萨尔瓦多、加蓬、危地马拉、海地、莫桑比克、巴拉圭、秘鲁、肯尼亚等国。

巴西自20世纪80年代后半期开始，通过南南合作，向拉丁美洲和加勒比地区国家，葡语系非洲国家以及东帝汶等提供援助。日本与巴西的经济合作始于1959年，合作部门十分广泛，包括农业、健康卫生和环境保护等。其中包括"第三国培训项目"，譬如农林系统技术的国际课程培训，自2006财年开始由巴西农业研究公司亚马逊东部研究中心（Embrapa-Cpatu）负责实施，对来自泛亚马逊国家的技术人员以及在亚马孙地区的巴西技术人员进行了培训。

案例3　印度、巴西和南非三方合作

2003年6月，印度、巴西和南非3国外长在巴西举行外长会议，决定成立印度—巴西—南非（India-Brazil-SouthAfrica，IBSA）对话论坛。IBSA三方合作机制已经成为促进亚洲、南美和非洲在国际事务中紧密合作的制度，并且增强了印度、巴西和南非在农业、

气候变化、文化、能源、健康、社会发展、贸易与投资等领域的三方合作。同时，IBSA 对话论坛定期举行高级官员、部长和国家领导层间的磋商，促进学术、商业和其他公民社会成员之间的互动。

在农业技术领域，IBSA 成立了三方基金，在食品加工、食品安全措施、基础研发、信息与通信技术等领域开展合作，包括在各自优势领域组织技术培训、交流基因资源、启动农业技术专业网络，等等。与此同时，IBSA 成员国与非洲国家几内亚比绍开展了农业与家禽发展项目。与该国农业部合作，通过对 4500 位农民（其中包括 2600 位妇女）进行改进的农业技术培训，加强水稻耕种与柑橘类水果及杧果的生产，提高了农业产量。IBSA 成员国提供了能够提高产量并且在几内亚比绍的雨季也能进行农业生产的新品种种子，并提供了水资源管理与控制培训。

案例 4　中国、南非和比利时三方合作

2020 年 9 月，南非国家研究基金会（NRF）正式发布了《中国 / 比利时 / 南非三方联合研究项目申报指南》，项目征集领域为生物多样性、气候变化和公共卫生之间的相互作用。该项目旨在回答上述领域的四大科研问题，即生物多样性流失与疫情"大流行"之间关系，气候变化与传染病传播模式之间关系，生物多样性、气候变化和疫情相互作用对经济社会发展的影响，问题解决方案及工具研发。具体而言，包括公共卫生、农作物、牲畜、

野生动物及环境的相互作用，生物多样性、生态系统退化、重大传染病事件与土地利用和生态系统管理之间的关系，生物多样性和气候变化的相互影响方式，粮食产量、营养质量、生物多样性与气候变化之间的关系等。

该合作项目的征集工作是在三个协议的框架内发起的，三个协议分别是比利时与中国关于发展经济、科技合作的协定，南非与比利时之间在科技领域的谅解备忘录以及中国政府和南非政府之间的科技合作协定。针对三方联合研究项目，中方出资500万人民币，单个项目资助额不超过200万人民币；比方出资55万欧元，单个项目资助额不超过17.5万欧元；南方出资500万兰特，单个项目资助额不超过120万兰特。

4.2　战略大科学和基础科学合作

全球第三方市场多边战略基础科研合作主要着眼于加速推进参与方的创新驱动发展，不断提升科技、工程和产业的自主创新能力，尤其在工程制造、信息通信和金融科技等领域取得了重大进展。发展中国家可观的市场规模、海量的数据优势、完备的产业体系和多样化的消费需求，都将有利于深度开发金融科技和人工智能等前沿技术的科研合作。

欧洲等发达国家处于全球科学研究的前沿，拥有领先的基础科学研究和创新能力。它们致力于实施产业发展战略，不断加强对科技创新的引导和支持，积极推进在人工智能、健康医疗、绿色能源和数字经济等领域的创新发展和国际合作。

对此，通过优势互补，以创新合作促进共同发展，符合多方共同利益。三方市场合作不仅仅聚焦于科学研究的合作，而是沿着整个创新链的全方位的，从基础研究、应用研究、技术研发到产业化的务实合作。

摆脱传统安全观的束缚是全球第三方市场多边战略基础科研合作面临的一大挑战。目前，国际社会上出现了一种以国家安全或以国家优先为由阻碍科技交流，与科技合作这一主流趋势相悖的现象。针对该困境，科研机构工作者应围绕解决科技问题，或是制造出更好的产品和服务展开竞争，而不是基于民族主义、零和博弈等意识形态层面的竞争。面对当前气候变化、食品安全和信息安全、能源安全等全球性挑战，多方跨国合作更为重要。科技合作正是通过科技外交推动双多边关系的关键所在，良好的科技合作对改善外交关系具有重要意义。若能维持科技交流和合作这一纽带，从长远来看将有助于稳定双多边关系。

建立科研政策对接机制。多个国家政府致力于搭建科研机构之间的交流渠道，以减少国际交流的壁垒，同时发挥行业协会的"桥梁"作用，促进企业和机构之间的人才交流和务实合作，并协助企业对接科技创新类合作项目，保持正常的双向交流。

加强创新发展战略对话。可以借鉴的措施包括在科技创新合作框架下推动创新驱动发展战略和产业发展战略的对接；保持就知识产权保护、投资市场准入、科研人才交流合作等政策交流与对话；共同参与全球科技创新治理，积极参与全球创新规则和标准的制定，以更好地应对信息时代的新挑战，共同应对粮食安全、能源安全、气候变化及公共卫生等全球性挑战。

深化优先领域合作。如《中欧合作2020战略规划》已提出类似的合作，涉及基础设施、金融、研发等领域。这些是对接的优先领域，需要制定出对接的实施方案和行动路线图。"一带一路"项目主要关注基础设施，除了公路、铁路、内河航道、机场、港口、定位及导航网络外，未来还将在数字化、能源、电信、电动车等各个领域加强合作，同时也推动人员交流，与欧洲、亚洲和非洲等国家和组织加强伙伴关系。

4.3　工程类第三方市场合作

尤其是在当前全球经济仍疲弱且面临下行压力的情况下，全球工程类第三方市场合作主要聚焦于优势互补，采取联合体投标、联合生产和联合投资等新型合作方式，在尊重第三方国家（通常是发展中国家）意愿的前提下，推动第三方国家的发展，实现三方互利共赢。

欧洲等发达国家对"一带一路"共建国家历史渊源了解甚深、人脉丰富且有丰富的运营和管理经验，加上共同开发"第三方市场合作"有利于分摊投资风险，减少新兴经济体在发展中国家独立投资时可能出现的对抗，增加对冲、合作的空间，培育新的经济增长点。而且第三方市场要发展经济和转型升级，也急需来自新兴经济体的相对较为低廉的产品价格、中高端制造能力以及来自欧洲的高端技术和先进理念的支持。

既有的全球第三方市场科技工程类合作提供了以下几项可借鉴的机制。

建立第三方市场合作的长效工作机制。进一步完善已签署合作协议国家的常态化工作机制，建立机制执行机构定期交流制度，推动建立涵盖政府、企业、金融机构、商（协）会、智库和使领馆在内的"六位一体"的工作对接网络,分享第三方市场政策、法律、项目等合作信息,制定详细的合作路线图,明确重点工作和实施计划。

健全第三方重点国别项目信息库和企业库。充分发挥合作机制的平台作用,围绕开展第三方合作的重点区域和重点领域,通过政府部门、企业、金融机构等多种渠道,加强重点项目的收集与跟进,建立重点项目信息库和企业库,定期开展项目对接,交流合作信息并分享经验。

搭建第三方合作有效的对接服务平台。在工作机制框架下,以重点项目为抓手,动态更新第三方市场合作项目清单,建立第三方市场合作企业联盟,推动设立政府部门、企业、金融机构等广泛参与的第三方市场合作促进中心,建立第三方合作论坛定期举办制度,搭建机制化的"双向"交流合作平台。

发挥重点合作平台的示范效应。应充分利用科技创新合作联委会、联合科学创新基金、产业创新基金、科技园区等重要平台,提升平台的专业化运营和资源整合能力,推动从基础研究到成果转化的创新合作。同时,针对双方发展需求和优势,明确优先合作的重点项目,在智能技术和机器人、低碳和绿色制造、遥感和卫星技术、新能源、新种业、先进治疗、抗生素耐药性、人口老龄化、创意经济、金融风险管理等领域开展产学研用合作。积极探讨在发展中国家开展科技、知识产权保护、金融创新等方面的第三方合作,扩大多方创新合作的辐射影响。

推进区域创新发展合作。以欧洲为例,作为工业革命的发源地。200多年后的今天,欧洲部分地区正在实现转型升级和创新发展。新兴经济体和欧洲双方应以友好省市为平台,发挥国际合作倡议、发展中国家区域协调发展战略及"欧版新丝路""英格兰北方经济中心""中部引擎"等欧洲内部区域发展战略之间的协同效应，不断深化地方创新发展合作。

新兴经济体企业通过将其产能与对接欧盟的技术，积极参与"欧版新丝路"的基础设施建设，尤其是高速公路、铁路、桥梁、港口、机场、通信网络等工程，有利于共同开拓第三方市场在智能制造、航空航天、清洁能源、核安全等领域的合作。

支持中小企业与大中企业抱团出海。由于中小企业生产效率相对较低、技术研发实力不足的特点，可以推动大企业带动中小企业，小企业撬动大中企业的合作模式，共同创新联动，抱团出海，解决产能合作和转型升级的问题。

4.4 产业园区类第三方市场合作

随着"一带一路"倡议的落实开始向"更深更实"全面升级，"境外经贸合作区"与"第三方市场合作"成为新的趋势，越来越多的发达国家开始倾向于在"一带一路"框架下，与中国进行第三方市场合作。产业园区成为中外合作的重要载体，目前我国已与英国、法国、德国、以色列、捷克、意大利、韩国等众多国家共建了产业园区，成为第三方市场科技合作的重要载体。

既有的产业园区为第三方市场合作提供了以下几项可借鉴的经验。

加强顶层设计，深化政府间合作。以中韩产业园为例，与韩方共建中韩产业园是习近平主席亲自提出和推动的重大倡议，也是党中央、国务院着眼我国改革开放新形势做出的重大决策部署。中韩产业园合作机制是中国商务部和韩国产业通商资源部为深入落实两国领导人达成共识，加快推进产业园建设发展而建立的国家层面合作机制。2015年中韩双方重点围绕中韩产业园的发展定位、合作模式、推进机制、支持政策等领域进行交流与合作，2017年12月中国国务院发布批复，同意在江苏盐城、山东烟台、广东惠州设立中韩产业园，同时支持有关地方和企业积极开展与韩国新万金韩中产业园的合作交流，推动中韩四个产业园协同发展。2020年4月《国务院关于中韩（长春）国际合作示范区总体方案的批复》发布，中韩（长春）国际合作示范区建设开始启动。在中韩产业园建设的过程中，中韩两国政府领导人及相关部门高层积极对话，增进了解，增强互信，为更快更好地推进中韩产业园建设进一步明确了方向、理清了思路。

主动对接"一带一路"等国家战略。我国与德国合作建立了多家科技产业园区，以中德（常州）创新产业园为例。常州作为"苏南模式"的发源地之一，一直以来在制造业领域享誉全国，智能制造装备、光伏、轨道交通、石墨烯等产业处于全国领先地位，而德国以制造业发达著称，汽车、装备制造闻名世界。自"一带一路"倡议提出以来，常州市积极扩大对外开放，加强与德国的经贸、科技合作，积极推动中德（常州）创新产业园的建设，并于2020年9月成功开园。目前，德国已成为常州在欧盟地区最重要的投资来源地和贸易伙伴。常州已累计设立德国投资企业200余家，西门子、博世等一批世界500强公司在常州扎根发展，集聚了埃马克、皮尔磁等德语区项目35个，协议投资总额超6亿欧元，涵盖高端装备制造、新能源汽车产业等，中德合作基础不断夯实，致力于打造上海核心都市圈内独具特色的先进制造业基地。目前，中德（常州）创新产业园已成为江苏省第一批国际合作园区，为江苏省"一带一路"交汇点建设做出贡献。

积极争取政策支持，加强园区配套服务。以中以（上海）创新园为例，中以（上海）创新园位于上海市普陀区，该园区在中以双方夯实的政府合作基础上，以"打造一站式服务、分布式运营、联动式发展"为目标，以"联合创新研发"和"双向技术转移"为定位，以"创新"为核心，为海内外企业提供高起点、高密度、高流量、高标准和高品质的创业环境。园区为企业、机构和个人提供了多样化的政策优惠和完善的配套服务，包括支持创新孵化平台建设，支持入驻园区的企业和机构开展会展、论坛等多种形式的创新创业活动，积极推动创新项目产业化，并为人才提供公租房解决住房需求。同时，在交通、医疗、教育等方面提供全面的公共服务。中以（上海）创新园通过优惠的政策和完善的服务为企业提供了良好的创新创业环境，有力地促进了中以两国在科技创新方面的合作。

积极推动合作园区改革转型。目前，中外合作园区已逐渐从"以劳动力换资本"和"以市场换技术"的第一代、第二代园区走向产业合作、智慧治理和社会发展等全方位发展的第三代园区。中国商务部已分别与欧美10个国家的相关部门签署了经贸领域节能环保合作谅解备忘录，与其中9个国家建立了节能环保或生态园工作组。例如，中意宁波生态园持续汇聚大项目、积聚大产业，吉利新能源汽车、中意启迪科技城等一大批重大项目和知名企业先后签约落户，引领带动了宁波市绿色智慧发展，为创新发展、开放发展注入了强劲动力。

4.5 欧洲国家科技合作倡议的对接

在我国实行创新驱动发展战略的背景下，加大科技创新领域的对外开放程度，推进国际合作步伐具有重要意义。欧盟是我国技术合作的重要伙伴，中欧科技合作是中欧全面战略伙伴关系中的核心内容。近年来，中欧科技合作日趋活跃，与欧盟及其成员国、欧洲其他国家之间建立创新伙伴关系成为推动中欧科技合作的新方向，中欧科技合作关系由传统意义上的技术合作逐渐转向了科技创新合作。随着《中欧科技协定》的签署，中国深度融入欧盟研发框架计划，并与多项欧洲国家科技合作倡议对接，中欧科技创新合作日趋紧密。

牛顿基金：牛顿基金是由自然科学基金委员会（NSFC）与英国皇家学会（RS）、英国医学科学院（AMS）共同设立人才项目，2013年英国首相戴维·卡梅伦访华，当时中英双方宣布将建立中英研究和创新伙伴基金（即牛顿基金），用以资助我国优秀青年学者与英国合作者之间的交流互访与合作研究活动。中方资助资金为每项不超过50万元人民币，英方资助强度为每项不超过11.1万英镑，包括中方申请人的工资增补费、研究支持经费、培训费和国际合作交流费用等，资助期限为3年。自2014年牛顿基金成立以来，中英双方共同投入逾2亿英镑，同时两国积极探索长期支持双方创新合作的资金渠道，不断充实牛顿基金。

"地平线2020"计划："地平线2020"科研规划的前身为始于1984年的"欧盟科研框架计划"，它是欧盟成员国共同参与的中期重大科研计划，也是世界上规模最大的官方综合性科技研发的计划之一，以研究国际前沿和竞争性科技难点为主要内容，研发领域广、资金投入大。"地平线2020"科研规划的内容主要包括基础研究、应用技术以及应对人类面临的共同挑战三个方面。该计划几乎囊括了欧盟所有科研项目，其主要目的是整合欧盟各国的科研资源，提高科研效率，促进科技创新，推动经济增长和增加就业。在"地平线2020"计划框架下，支持设立在欧洲的机构积极地与中方机构开展联合项目。中方配套相应经费，每年投入 2 亿元人民币，支持设立在中国的机构在"地平线 2020"计划框架下参与欧洲伙伴的联合项目。

中欧科技合作"龙计划"："龙计划"是中国科技部与欧洲空间局在对地观测领域的重大国际科技合作计划，目的是联合中欧知名遥感专家开展合作研究，促进遥感技术应用水平的提高。"龙计划"于 2004 年启动，每 4 年为一个研究周期。2020 年 7 月，"龙计划"第五期启动会举行，在前四期合作基础上，"龙计划"第五期涵盖了气候变化、大数据分析等 10 个研究领域的 55 个合作项目，进一步拓展了中欧科技合作研究领域，丰富了卫星数据共享资源，并扩大了参研科学家的规模。自 2004 年计划提出以来，中欧双方逐步探索出一套"政府搭建平台，科学家自主参与，共享地球观测数据"的科技合作机制，并取得了一大批具有国际先进水平的研究成果。

中欧伽利略计划合作协定："伽利略计划"是由欧盟委员会（EU）和欧洲空间局（ESA）共同发起并组织实施的欧洲民用卫星导航计划。2001 年 6 月，时任国务院总理朱镕基在会见到访的欧盟委员会副主席德帕拉西奥女士时，双方表达了中欧在伽利略计划上开展合作的愿望。经过两年多的接触和两轮正式谈判，双方于 2003 年 10 月 30 日在北京第六次中欧领导人会晤期间正式签署了《中华人民共和国和欧洲共同体及其成员国关于民用全球卫星导航（伽利略计划）合作协定》。中欧伽利略计划合作是我国目前最大的对外科技合作项目，对于扩大中欧在卫星定位导航产业方面的合作起到了重要作用。

4.6　产融结合

第三方市场科技合作具有多元化属性。发展中国家面临政府财力不足、长期资金供求不匹配等现实瓶颈，决定了相关金融合作需要众多利益相关方共同参与和支持。其中既包括不同国家和地区的多方参与，也包括政府和企业以及多边开发机构共同搭建 PPP 合作框架，还包括股权投资、债权融资以及其他金融产品的多元投融资组合。

第三方市场金融合作实践，可以借助各种多元化优势，特别是通过合理的投融资架构设计吸引多方共同参与，发挥各方优势，克服融资瓶颈，管控项目风险，实现各方权益和责任的匹配，为所在国提高长期可持续发展的能力提供帮助。

充分借力各种多元化优势开展金融合作。一方面，通过以股权融资为主、债权融资为辅的产品设计和搭配，为所投资项目注入更多资金；另一方面，积极探索以 PPP 模式开展相关项目建设，缓解项目所在国政府债务压力，提高项目建设和运营效率，促进可持续发展。

设立和用好系列第三方共同投资基金。充分发挥金融支撑引领作用，按照"政府引导、企业主体、市场运作"的原则，推动设立由国有政策性银行和中长期投资基金与国外金融机构合作的系列第三方共同投资基金，通过股权、债权等多种方式，为双方企业进行项目合作以及共同投资第三方市场项目提供融资支撑，实现长期可持续合作。

寻找创新与监管之间的平衡。这一直都是技术应用和行业发展的关键。以金融科技为例，监管在促进、引导和规范创新的同时也面临着创新带来的挑战。例如，金融创新一方面极大地提升了服务效率，另一方面也会改变或冲击金融监管运作的基本规范与框架，在总体上累积叠加金融风险，甚至导致金融监管主体的缺位，从而增加监管的难度。

政府应及时跟进创新需求，积极主动地提供相应的管理和服务。同时，监管机构自身也应不断提升和创新，动态适应快速发展的技术，并通过推动"监管沙盒"等创新方式，为企业营造安全、普惠和开放的发展环境。还应积极参与金融科技国际治理体系和标准的建设，包括参与金融科技国际技术标准和监管规则的制定，以加强金融科技监管领域的国际合作。

中欧第三方市场合作可以充分发挥亚洲基础设施投资银行、丝路基金、欧洲投资银行和欧洲复兴开发银行等金融机构的作用，推动双边和多边金融合作。

5　政策建议

5.1　中欧非科技合作的重点国家详述

当前，全球科技创新进入新的高度活跃期，新一轮科技革命和产业革命正在兴起，这是世界各国未来走向繁荣发展的重大机遇。推动中欧非科技合作，寻找有合作优势的国别和领域开展针对性合作，对中欧非各国的发展至关重要。

5.1.1　携手欧洲科技大国，深耕基础研究，促进新技术产业化

英、法、德等科技创新大国位列世界技术创新前沿，科研实力雄厚，与中国科研合作范围广阔，规模、影响力和质量都很高。

首先，与上述国家开展合作，重在加强生命科学与医学、物理、数学、天文、大气科学和人文艺术等基础研究领域的合作交流，推动双方科学设施的互相开放，促进科研人员进行学术交流和重大科学项目的联合研究。特别是在新冠疫情全球大流行时期，加强医学合作，解决重大疾病的流行

具有重要意义。

其次，针对双边经济发展需求，遴选优先合作的领域和重点方向，共同推进新技术的产业化。在低碳和绿色制造、机器人、遥感和卫星技术、科技工程项目、创意经济和金融风险管理等重点领域优势互补、强强联合，促进经济合作，创造更多高质量的就业岗位。

另外，中、英、法、德作为世界大国，需要承担起大国责任，共同应对人类面临的挑战。为解决粮食安全、能源短缺、重大疾病、环境保护等重大问题，在种业、水土保持、离岸可再生能源、智能技术、储能、建筑节能、城镇化、交通（包括电池）、大气污染与人体健康、先进治疗（包括细胞与基因治疗）、抗生素耐药性、人口老龄化、抵御自然灾害等重点领域开展联合研发，攻克一系列关键技术，推动世界科技发展，应对全球所面临的主要挑战。

5.1.2　联合欧洲特色国家，突出各国优势，结合国别和行业特点开展针对性合作

尽管在目前的合作中，很多国家与中国开展的科技合作规模与数量不及英、法、德三国，但在合作的质量与影响力方面都受到较高评价。针对这些国家，中国应该充分发挥特色，取长补短，在优势互补的领域开展有针对性的合作。

（1）北欧国家

中国与北欧五国关系长期友好，彼此贸易互补，并拥有"冰上丝绸之路"等平台优势，应进一步深化合作。随着经济发展模式向集约型模式转变，中国对发展可持续的、创新的环境友好型经济社会的需求与日俱增。芬兰、

瑞典等北欧国家在高科技运用、创新理念和体系建设、环保、新能源、可持续发展领域处于世界领先地位，应进一步加强与北欧国家在绿色发展、海洋经济、科技创新以及农业等优势产业的合作。

绿色发展方面，冰岛拥有先进的地热技术，城市供热百分之百使用地热清洁能源，中方可与冰岛在地热领域开展合作，完善目前的地热发电技术，合理高效地利用地热资源；丹麦风力发电设备和产品占世界份额的40%，运营世界60%的近海风能，双方可进行风力发电合作，有效解决中国海上风电起步较晚、行业存在风险的缺陷；瑞典、挪威以及芬兰在可持续发展领域拥有悠久的历史和长期优势，在清洁能源、循环经济、智能绿色运输系统等方面拥有先进的技术和成熟的经验，值得借鉴与引进。

科技创新方面，芬兰在森林纸业、电子电气、机械制造、金属加工等领域拥有很多世界一流的产品和技术，在信息通信、能源、环保等领域独具专长；瑞典在信息通信、生命科学、清洁能源和汽车等领域具有强大的研发实力。

农业方面，丹麦的农牧业发达，先进的组织管理模式和强有力的财政金融支农政策使丹麦农业劳动生产率处于世界领先水平。中国与丹麦在种植养殖、食品生产、有机食品、新产品开发及消费者导向的食品体验等领域加强务实合作和经验信息交流，对解决中国的"三农"问题具有重要意义。

另外，随着全球变暖，北极航道的开发出现了历史性的机遇，中国应高度重视"冰上丝绸之路"的建设，完善合作机制，加强政治互信程度，搭建与北欧国家合作的新平台。

（2）中东欧国家

中东欧国家在飞机、新材料等高端制造领域具有良好的基础和发展水平，而中国以高铁、通信、航天装备、核电设备为代表的高端制造企业在国际市场上崭露头角，双方应继续深化汽车、机械制造、通用航空、机电产品等领域的合作。同时，波兰、捷克、匈牙利、斯洛伐克等国都是华为、中兴等中国电信企业拓展欧洲市场的重要国家，在云计算、物联网、大数据、人工智能、网络安全、集成电路等重点领域开展深度合作前景广阔。然而，中东欧国家与中国在发展道路和模式上存在差异，双方存在一定的疏离感，加强民心沟通，努力消除民间舆论中不友好的对华声音，成为双方有效开展合作的关键和前提。

（3）欧洲其他国家

荷兰拥有发达的工业技术体系，化工、水利、电子、造船以及食品加工等领域技术先进；陆、海、空、互联网基础设施高效便利；农业以技术优良、高度集约化和高产而著称。着力推进公路、铁路、港口、航空、航天、油气管道、电力和网络通信全方位的交通合作，推动陆、海、天、网四位一体的互联互通潜力巨大。此外，在比利时的先进制造领域、西班牙的航空航天领域、意大利的设计创意和服务贸易等领域都值得进行深入合作。

5.1.3 牵手非洲国家，从"援助"转向"互利共赢"

一方面，非洲国家发展相对落后，农业依然是大多数非洲国家的支柱产业。利用好农业技术示范中心这个平台，深入了解非洲国家的农业资源状况，传递适应非洲农民生产生活方式的农业技术，推动非洲农产品出口销售。

另一方面，得益于国际社会和非洲地方对非洲基础设施发展计划的支持，自2010年以来，非洲多种形式的走廊现代化进程日益加快，非洲稳居中国第二大海外承包工程市场。继续加强基础设施建设，加大高铁、高速公路、工业化基建方面的投入。此外，摩洛哥等国家的汽车行业发展迅猛，汽车工业、航空工业、电子、农产品加工和新能源等产业成为未来中非合作的重点领域。

同时，和平安全、埃博拉等重大疾病流行仍然是非洲国家面临的重要问题。以维和行动、护航行动等方式为载体，加强中非军事合作，为非洲安全治理提供经验；以公共卫生体系建设为契机，加强中非公共卫生合作，助力非洲持续发展。

5.2　中欧非科技合作的重点领域识别

中欧非第三方市场科技合作应在互利共赢、求同存异、需求导向等合作原则下，选择多方共同关注的健康、粮食、资源与环境、能源、低碳、数字化、海洋资源开发利用、人力资源开发等科技领域，以及对国家经济社会发展有重要推动作用的其他科技领域。通过科创研究、技术服务、园区建设、产融结合、技术示范、实物捐赠等合作形式，提升多边科技产业发展和创新成果转化能力。

健康防疫领域。强化在防疫物资生产、核酸检测、疫苗研发生产等方面的抗疫合作。聚焦 HIV/AIDS、肺结核、疟疾、新冠肺炎等传染病的预防和控制传染病方面的医疗合作，推动共建大型医院、疾控中心、国际和区域防疫物资储备中心。同时扩大传统医药、妇幼健康等领域的务实合作，共同应对全球健康挑战。

农业减贫与安全领域。中欧非三方可在农业栽培、播种、土壤、气候协调技术，以及农业产业链的再加工、分配，以及基础设施和技术改善方面合作推进。重点面向基层民众，广泛开展农业减贫、公共设施惠民、防灾减灾等领域的减贫科创合作活动和示范项目。

资源环境领域。中欧非应在解决水、土壤、空气、化学品污染、可持续废物管理、消费和生产的资源有效性以及环境污染事故应急行动方面进行广泛的第三方市场合作。加强水资源、林木资源和生物多样性等方面的交流平台合作，推动资源政策对话、联合科研和商业合作，尤其是生态体系服务评估、资源资本核算以及创新性金融机制，共同应对与资源环境有关的各类挑战。继续开展环境监管事务以及环境标准与研究方面的对话，进一步交流经验。

能源领域。在中欧非能源对话框架内加强能源领域合作，重点加强全球能源安全合作。通过与欧洲原子能共同体商签署总体协议、加强科研合作等方式，解决安全高效发展核能的相关问题。加强能源监管合作，共享区域间以及国际的经验和推广范例，从而促进各国内部能源政策制定的一致性，推动各方在能源立法、政策和标准制定领域加强交流与合作，提高能源市场的效率。

低碳、应对气候变化领域。加强中国与欧盟在低碳化、清洁能源技术等方面的研发合作，在研发低碳、绿色发展技术等方面与欧洲开展联合攻关，为中欧非在绿色发展、低碳增长等方面提供新技术、新方案、新实践，切实发挥中欧清洁能源中心等现有合作平台的作用，将有利于共同为人类开创低碳绿色发展的新时代做出贡献。加强中欧非在低碳城镇、低碳社区、低碳产业园区等领域及温室气体排放控制方面的务实合作，开发低碳技术以推动可再生能源的广泛利用，鼓励企业参加中欧清洁能源中心企业联盟，并开展试点项目合作，从而减少化石能源消费和相关排放。通过开展中欧非碳排放交易能力建设合作项目，推动中国碳排放交易市场建设，运用市场机制应对气候变化。构建中欧非绿色政策、标准与智力合作体系，推进国际产能和基础设施的绿色低碳化建设运营管理，推动绿色投资与贸易，积极开展对话交流、政策研究、绿色发展示范和能力建设等绿色国际合作活动。

海洋资源开发与管理。落实中欧《蓝色伙伴关系宣言》，加强中欧非在海洋综合管理、海洋空间规划、海洋知识、海洋观测与监测、海洋科技研发、海洋经济发展、海洋能源利用等领域的交流与合作。中国与希腊、意大利等欧盟成员国在港口经济合作方面取得重大成果，未来应加强与泛欧交通运输网络的对接，深化在港口、物流和海运领域的第三方市场合作。

教育与人力资源开发。中欧携手在对非科技人才培养与培训、教育援助等方面可以发挥更大作用。中欧非教育部门应加强在科技课程设置和科技知识传授方面的交流，推动非盟科技教材和课程的开发和设置，帮助非洲联盟进行科技基础教育改革规划；共建科技实验室和科技馆，开展科技知识宣传等活动；借助非盟教育战略提出的职业技术教育与培训项目，开展中欧非科创人员专业知识培训，与大型企业合作建立中欧非职业技术教育与培训国际实习制和师徒制，实现职业技术人才的企业化和市场化。

工业和服务业数字化及转型领域。加强基础设施、信息技术开发、跨境电商等方面的合作。中欧在数字基础设施建设、数字经济框架与市场监管等方面优势互补，适合开展第三方市场合作。应积极运用面向智能制造的数字化设计、仿真、工程、制造、服务和工业物联网云平台，完善数字化产业和产业数字化服务体系及服务内容。中欧在数字化布局与区域内消费者网络购物习惯等方面已初具基础，以 2020 年 3 月份欧盟中国地理标准协议生效等事件为代表，产品质量和知识产权加强为中欧非跨境电商第三方市场合作提供了更有力的保证。

5.3 中欧非科技合作政策与机制建议

探索中欧非第三方市场合作新思路，丰富合作层次，拓展合作范围，增强多边合作的有效性，发挥科技创新领域在人类命运共同体构建的核心支撑作用。

5.3.1 构建中欧非三方合作机制

就合作平台来看，目前已开展了中国—法国第三方市场合作指导委员会、中国—意大利、中国—奥地利等一系列第三方市场合作论坛等合作机制，成为中外企业交换信息、洽谈合作、达成协议的重要平台，但整体上缺乏中国与欧盟及其成员国、非盟及其成员国的三方协调机制。因此建议从国家层面建立中欧非三方科技合作机制，就具有全球重大影响的国际和地区问题加强对话与沟通。三方合作机制与中欧涉非事务对话机制的区别在于，非洲方参与对话，能够最大限度地听取非洲的意见，消除非洲可能产生的疑虑。通过国际发展合作署、科技部、国家发改委等机构作为统筹协调中欧非第三方市场科技合作的机构。

5.3.2 积极建构中欧非双多边科技创新合作伙伴网络

当前国际形势中不稳定不确定因素突出，保护主义抬头，国际科技合作受到来自各方的压力，因此加强对双多边合作的战略引导，借鉴中国－瑞士"创新战略伙伴关系"等模式，开拓中欧非创新战略伙伴关系网络。

从战略战术上充分重视中欧科技合作，在既有合作基础上把握欧盟各国的特点，巩固和加强中欧非科研创新联合资助，引导和鼓励多边合作，并以此带动双边科技创新合作的战略研究。

5.3.3 加强中欧非使馆在非洲当地的对话磋商

加强中欧驻非使馆在非洲当地的对话磋商，通过当地的使馆了解非洲的需求，探讨中欧在非洲开展三方合作的优先领域和具体项目。欧洲援助国应在非洲当地召开援助国圆桌会议的管理，以协调各援助国的项目，保证援助资源的优势互补和利用效率。中国驻非使馆人员可应邀参加此类会议，通过与其他欧洲援助国的沟通探讨适合在当地开展的三方合作领域和项目。

5.3.4 开展中欧非第三方市场科技合作旗舰计划

聚焦中欧非经济社会发展中面临的共性问题，围绕中欧非共同关注的优先合作领域，如医药健康、水资源、人工智能和海洋环境等，积极推进开展双多边重大科技攻关与联合研究，共商共建共享联合实验室（研究中心）、国际技术转移中心、海上合作中心，以及大型先进科学设施和装置。围绕旗舰计划，加强对相关领域的资助力度，拓展合作深度和广度。此外，在合作领域的选择上还应充分考虑我国需求，力求解决我国问题，尤其是在高新技术领域和关键核心技术领域展开合作。

5.3.5 建设中欧非产学研协同创新平台

在已有双边联合研究中心的基础上，要探讨共建新的多边联合实验室、研究中心和产学研协同创新中心，实现中欧非大陆领域的创新链、产业链和供应链优势互补、多链协同。积极纳入全球性国际组织、地区或国家国际科技组织、优先领域的重点企业、银行业和非政府组织等利益相关者，聚焦各国的核心科技需求，展开相关科技项目的示范引领、合作研究和技术推广，提升多边科技合作和产业创新的水平和影响力。通过中欧非产学研协同创新平台统筹布局中欧非科技合作计划、筹措科技合作资金、建设中欧非产学研协同创新基地、监管科技合作项目。

5.3.6　以中欧非第三方市场科技合作引领命运共同体建设

以科技合作为引领，统筹开展职业教育、健康防疫、文化交流、政党交流、智库合作、企业社会责任、生态环境保护、减贫、防灾与公共服务惠民、海外形象建设和治国理政经验传播等领域的命运共同体建设。积极开拓和加深与非洲国家在留学互访、职业技能培训、公关管理等共同关心领域的务实合作。借助非盟教育战略提出的职业技术教育与培训项目，联合大型企业建立中欧非职业技术教育与培训的国际实习制和师徒制，实现职业技术人才的企业化和市场化。通过产品展览会、科技博览会等展示活动，联合举办行业、学术和科技经验的交流研讨会和参观活动，带动中欧非科技水平的提升与产业转化效率。加强议会、政党、民间组织往来，深化智库间的联合研究和合作论坛，密切妇女、青少年、残疾人等群体的交流，合作开展文化年、艺术节、影视剧创作等文化活动，形成多元互动的人文交流格局。加强文化传媒的中欧非交流合作，系统塑造与传播我国的国家形象。积极运用自媒体等新平台，培育一批根植于当地的文化传媒新渠道，全面系统传播治国理政等中国经验，讲好中国故事。

5.3.7　中欧非第三方市场科创产业园区

依托地方和企业，在现有双边合作园区及境外经贸合作区的基础上，共建一批中欧非第三方市场科创产业园区，加速研究、技术研发和示范的产业化进程。在新时期双循环的背景下，中外合作产业园区成为国际产能合作的新平台，对提升对外开放水平将发挥重要推动作用。因此，进一步深化中欧非政府间关于产业园区的合作交流机制，推动地方政府将利用外资与城市建设、园区集聚和产业发展结合起来，推动中欧非科创产业园区在国内落户，并使其成为利用外资推动产业结构调整的突破口。另一方面，充分挖掘中国企业在海外建设的"境外经贸合作区"，酝酿建设或升级一批境外科创产业园，吸引中欧在农业、节能环保、新材料、新能源和再生资源利用、装备制造等领域的企业进驻园区，共同建设中欧非第三方市场科创产业园。

5.3.8 建立中欧非三方合作基金

建议建立中欧非三方合作基金。中国与非洲国家已设立中法共同投资基金、中英研究和创新伙伴基金等第三方共同投资基金。第三方市场合作基金的目的是充分发挥金融支持引领作用，按照"政府引导、企业主体、市场运作"的原则，通过股权、债权等多种形式，为企业进行项目合作和共同投资第三方市场项目提供融资支持，实现长期可持续的合作。与第三方共同投资基金不同的是，中欧非三方合作基金不应以市场盈利为唯一导向，而应立足于为三方合作的可行性调研、医疗、农业、资源环境等涉及民生领域的三方合作提供资金保障。同时，构建稳定的中英创新联合基金。

参考文献

［1］刘卫东，田锦生，欧晓理，等．"一带一路"案例研究［M］．北京：
商务印书馆，2019．

［2］刘卫东，等．共建绿色丝绸之路：资源环境基础与社会经济背景［M］．
北京：商务印书馆，2019．

［3］中华人民共和国商务部．国家发展改革委发布《第三方市场合作指
南和案例》［EB/OL］．［2019–09–12］．http://www.mofcom.gov.cn/
article/i/jshz/rlzykf/201909/20190902898692.shtml．

［4］周瑾艳．中欧非三方合作可行性研究［M］．北京：中国社会科学出
版社，2019．

［5］王文平，刘云，蒋海军．中国政府资助中欧科技合作的特征研究——
基于文献计量分析的视角［J］．科学学研究，2014，32（6）：
801–810．

［6］南方，杨云，邵昊华，等．中国—欧盟科技合作现状分析与建议［J］．
世界科技研究与发展，2019，41（6）：621–633．

［7］郭垠宏，宋涛，葛岳静. 中欧科技—经贸合作网络的共同演化分析——基于电气工程领域的实证研究［J］. 地理与地理信息科学，2023，39（5）：47–56.

［8］Wang L L，Wang X W. Who sets up the bridge？Tracking scientific collaborations between China and the European Union［J］. Research Evaluation，2017（2）：124–131.

［9］Wallerstein I. The modern world–system［M］. Academic Press，2011.

［10］Song T，Sun M，Liu Z. Grounding border city regionalism in contemporary China: evidence from Ruili and Mengla in Yunnan province［J］. Territory，Politics，Governance，2022：1–19.